LE
GRAND MISTERE,

OU

L'ART DE MEDITER

SUR LA

GARDEROBE,

RENOUVELLÉ ET DÉVOILÉ,

PAR

L'INGENIEUX DOCTEUR SWIFT.

Avec des Obſervations Hiſtoriques, Politiques & Morales, qui prouvent l'Antiquité de cette Science, & qui contiennent les uſages differens des diverſes Nations, par rapport à cet important ſujet.

Traduit de l'Anglois.

A LA HAYE,

Chez JEAN van DUREN.
M. DCC. XXIX.

A V I S

D U

LIBRAIRE.

L'ECRIT de l'Ingenieux Docteur Swift, *intitulé le* Grand Mistère, *ou l'*Art de méditer fur la Garderobe, *a eu tant de vogue en* Angleterre, *que j'ai tout lieu d'efperer que le Public me faura gré de lui en procurer une Traduction* Françoife. Mais, *comme cet Ouvrage ne fait qu'un très*

A 2   *petit*

petit Volume, j'ai jugé à propos d'y en joindre un autre qui, quoique d'un tout autre gout, & d'une nature toute differente, a reçu une approbation génerale. Ce font les Penfées de Monfieur G. L. Le Sage, dont l'Edition de Geneve eft remplie de fautes d'impreffion & autres. C'eft ce qui a engagé l'Auteur à les rectifier, à y faire des additions confiderables, & à l'enrichir de penfées qui le rendent un Ouvrage tout nouveau. Enfin, je ne doute nullement que ces deux Ouvrages qui ne font enfemble qu'un affez petit Volume ne foient reçus favorablement du Public.

LE

LE
GRAND MISTERE,

OU

L'ART DE MEDITER

SUR LA

GARDEROBE;

PAR

L'INGENIEUX DOCTEUR SWIFT.

PENSÉES HAZARDÉES

SUR LES ETUDES,

LA GRAMMAIRE, LA RETHORIQUE

ET LA POËTIQUE.

PAR

M. G. L. LE SAGE.

AU SAVANT
DOCTEUR W---d *

VENERABLE ET PROFOND DOCTEUR,

I L y a long tems que je fuis l'humble admirateur de vôtre mérite, mais il me manquoit une occafion de vous le prouver par des marques éclatantes & publiques. Par bonheur, l'Effai fuivant m'en fournit un moyen tel que

* On croit que c'eft le Docteur *Woodward.*

A 4

que je le fouhaitois. J'ofe me
flatter que, fi ma manière de
traiter ce fujet n'eft pas approu-
vée, du moins on tombera d'ac-
cord que la matière en eft tout
à fait digne de vôtre protection. Les découvertes étonnan-
tes que vous avez faites dans
la Nature, & que vous conti-
nuez d'y faire, & le plaifir avec
lequel on fait que vous vous
appliquez à examiner les chofes *fouterraines*, fuffifent pour
que je ne balance plus à vous
inviter de defcendre avec moi
un quart-d'heure dans les re-
ceptacles d'une matière qui, après
avoir habité quelque tems le *Mi-
crocofme*, fait une partie confiderable du Monde élementaire.

Un Philofophe ne trouve point
qu'une chofe puiffe être plus vile
qu'une autre. Sa profeffion eft de
connoitre les corps, la compofition

fition & les propriétez de ces corps, & les caufes de leurs changemens. De quelque forme que la Matière fe revête, elle eft pour le Sage un objet de comtemplation, & la transformation d'un *Pudding* en *ét..n* ne mérite pas moins d'être étudiée, que la nutrition du blé, dont la farine entre dans la compofition de ce *Pudding*. Que dis-je ? Si on devoit donner la préférence à une de ces deux chofes, ce feroit à la première qu'il faudroit la donner, puifqu'elle eft autant au deffus de la feconde, que les operations de la Nature dans nos corps l'emportent fur ce qu'elle fait dans la Terre, & que la chair & le fang font préferables à la boue.

LES Latrines ont toujours été regardées comme un lieu propre aux réflexions morales & à des études férieufes. Mais il faut un Efprit peu commun, pour faire fervir la matière qu'elles renferment d'objet à nos contemplations. C'eft cependant ce que vous avez fait, & il n'y a que des Ignorans ou des gens peu curieux qui ne fachent pas que vous vous y êtes appliqué avec une conftance infatigable, & avec un fuccès extraordinaire. Le Monde favant rend juftice à vos connoiffances dans les *foffiles*, fous la claffe defquelles on peut placer les *ét...ns* humains, fans être obligé d'avoir recours aux étimologies.

Mais il n'y a rien dont on vous ait autant d'obligation, mon illuftre Monfieur, que de la découverte du vafe ineftimable, dans lequel le divin *Horace* dépofoit jadis fes *matières féu-les,*

les; vafe qu'il a plu au fot Vulgaire de nommer mal à propos une urne. Que ne vous eft-il poffible de recouvrer avec le même bonheur quelque partie des tréfors qui y ont été contenus pendant la vie de fon Maitre! Quel avantage n'en reviendroit-il pas à la Critique? Alors, alors on entendroit le *Lyrique Romain*, & fi *B-tl-y* eft fufceptible de honte, il rougiroit de fon commentaire.

Je pourois ajouter bien d'autres chofes à votre éloge, Monfieur; mais je confidere que vous ne pouvez être loué dignement, que par vous-même, dans cet heureux ftile que chacun admire & que perfonne ne peut imiter. Je me borne donc à vous offrir humblement cet Ouvrage, comme une marque de mon refpect pour votre perfonne, ne, & de mon dévouement aux Sciences dont vous faites une profession glorieuse. Je suis,

MON ILLUSTRE DOCTEUR

Votre Disciple & Serviteur.

J. S----ft.

LE GRAND MISTERE,

OU L'ART DE MEDITER

SUR LA GARDEROBE.

E SOLEIL a beau être l'ornement de l'Univers, & le principe vivifiant des animaux & des végetaux, au lieu d'en faire l'objet de leur admiration & de leurs recherches, les Ignorans ne le confidèrent que comme un globe de feu, à peu près gros comme un fromage ordinaire de *Chefter*. Il en eft de même de mille autres chofes. La Lune luit, la Mer a fon flux & reflux, les Vents fouflent, les Saifons fe paffent & reviennent, fans qu'on y prenne garde, ou du moins fans qu'on en marque de l'étonnement. Enfin, c'eft ainfi que ces perfonnes de quelque fexe, âge, conditions, païs, religion, ou temperament qu'elles foient,

foient, déchargent leurs excremens le matin, le foir, en fanté, étant malades, les uns dans les champs, les autres dans les maifons, quelques-uns dans des greniers, d'autres dans des caves, quelques autres dans leurs lits ou dans leurs hauts-de-chauffes, fans faire jamais la moindre réflexion fur les grands & terribles mistères que cache cette action, ou fans fonger que leurs vies, leurs fortunes, leurs réputations dépendent de s'en acquitter régulièrement & heureufement.

Il n'y a rien où le Vulgaire faffe mieux paroitre les fauffes idées qu'il fe forme des chofes, que dans cette matière. On dit par exemple à un Homme, pour lui marquer fon mépris, *allez-vous ch-er* ? Et que pourrions-nous fouhaiter de meilleur à nos meilleurs Amis, que de décharger leurs inteftins, ces membranes fi fenfibles, d'un fardeau qui peut avoir de terribles conféquences, & qui nous caufe une frayeur perpetuelle, tant que nous n'en fommes pas quitte? Auffi ces difcours ne fauroient non plus attirer le mépris fur ceux auxquels on les addrefdreffe, que fur l'action même qu'on leur dit de faire, bien qu'on en ait une baffe idée. Le commun des Hommes penfe toujours mal des chofes qu'ils voient le plus fouvent, bien qu'elles foient peutêtre celles qui leur font le moins connues.

Il eft vrai que les Malades, ceux qui fe purgent par précaution, les Dames & les Petits-maitres qui prennent medecine pour conferver la fraicheur de leur teint, femblent connoitre & refpecter en quelque forte la dignité de cette operation, puifqu'ils fe remettent à elle de ce qu'ils ont de plus cher. Mais fi nous examinons bien leurs vues, nous les trouverons fuperficielles au dernier point, puifque, fi leurs évacuations leur ont fait du bien, ils en tiennent compte à certaines drogues ou compofitions des Apothicaires, qui ne leur auroient pourtant fervi de rien, fans une difpofition du corps propre à les recevoir. C'eft que la plupart ignorent combien ils ont d'obligation, foit au fang de ce qu'il décharge les humeurs nuifibles dans les inteftins, dont le mouvement

ment periftaltique les précipite en bas, foit aux mufcles de l'anus, de ce qu'ils fe dilatent & fe refferrent pour donner un paffage aux excremens.

Pour entendre bien cette matière, c'eft peu d'être verfé dans l'anatomie du corps humain, il faut être un Philofophe profond, avoir étudié à fond les loix de la pefanteur & du mouvement, en un mot n'ignorer rien de la Statique. Il faut, comme on dit, favoir combien il entre de grains dans une once, car j'appelle ici grains ces petites éruptions d'air merdifique, par lefquelles un corps qui s'en décharge perd de fon poids & de fa fubftance. Il faut pouvoir raifonner fur les ét. . . ns, & rendre raifon des differences qui s'y trouvent dans leur confiftence, dans leurs couleurs, dans leurs odeurs. Il faut être en état de dire pourquoi une Dame délicate en fait de délayez comme de l'eau, tandis qu'un robufte Manant en laiffe auprès des haies qui font durs comme des pierres.

Mais ces études appartenant proprement aux Phificiens & aux Mededecins, je ne les voudrois pas recommander à toute sorte de personnes. Il suffit qu'ils sachent du *grand mistere de la ch-rie* ce qui a rapport ou ce qui peut nous servir dans la conduite de la vie, pour regler notre corps & notre ame, & pour perfectionner en nous la connoissance de nous-mêmes & des autres Hommes.

Il est assez ordinaire de dire d'un Homme, dont on pénetre les vues, *je le sens de loin*, comme si, par quelques exhalaisons de son haut-de-chausse, nous avions découvert les pensées qu'il roule dans sa tête. Il n'y a point dans notre langue de phrase qui signifie davantage, ou qui soit mieux fondée que celle-ci, bien que la raison en soit hors de la portée des esprits vulgaires; car il est certain qu'il n'y a personne qui puisse moins se cacher, qu'un Homme qui a insulté la doublure de sa culotte.

Il s'éleve de la matière contenue dans les intestins certaines vapeurs, dont les particules, diversement figurées, operent diversement sur le cerveau. Selon qu'elles affectent notre

B   ju-

jugement & notre faculté apperitive ; elles produisent en nous l'esperance ou la crainte, la joie ou la douleur, l'amour ou la haine. Elles font la cause efficiente de notre bonne ou de notre mauvaise humeur, de notre honnêteté ou de notre malhonnêteté pour nos Voisins, de nos opinions sur les céremonies, de nôtre attachement ou de notre aversion pour le Gouvernement. Que dis-je? Après que la matière fécale est séparée du corps, tandis qu'elle est encore fraiche, il s'en exhale des particules, qui, montant au travers des nerfs optiques & des nerfs olfactoires de quiconque se tient vis à vis, excitent en lui par simpathie les mêmes affections qu'a l'Auteur de l'excrément, &, si on est bien instruit de ces profonds misteres, c'en est assez pour apprendre tout ce qu'on veut de son temperament, de ses pensées, de ses actions mêmes, & de l'état de sa fortune.

C'est pourquoi je me flatte que mes Superieurs ne me blâmeront point, si à la fin de ce petit Traité,

té, je propose de confier l'inspection
des Privez à des Personnes qui ayent
plus de science & de jugement, que
ceux qui sont aujourdhui en pos-
session de cet office. La dignité en
est déja assez connue par les baguet-
tes, marques d'honneur & d'autorité, que ces ignorans portent à la
main. Mais combien n'éclateroit elle pas davantage, si elle n'étoit accor-
dée qu'à des Philosophes & à des Ministres, qui par le gout, l'odeur, la
teinture, la substance des évacuations
du corps naturel, sauroient découvrir
quelle est la constitution du corps politique, & avertir l'Etat des com-
plots secrets que forment des gens in-
quiets & ambitieux?

Qu'il y ait moyen de découvrir
ces choses par un examen judicieux
des évacuations fécales, c'est ce qu'on
ne sauroit nier, pour peu qu'on ait
lu l'Histoire, ou qu'on sache ce qui
se passe de nos jours. Avec de pareil-
les connoissances, on n'est pas à apprendre combien de conspirations terribles & d'assassinats projettez ont
été découverts, en examinant à tems

les

les chaifes percées & les latrines.

Les *Italiens* & les *Romains* comptoient à un tel point fur cette forte de divination, qu'ils n'entreprenoient aucune affaire importante, foit publique, foit particuliere, fans avoir cherché dans les entrailles des bêtes quel en devoit être le fuccès.

C'eft à cette précaution que la République *Romaine* dut en partie fa fortune & fa grandeur, & c'eft par elle qu'elle perdit fa liberté, & qu'elle devint une Monarchie; car j'ofe bien affurer que *Cefar* étant Souverain Pontife de *Rome*, & premier Profeffeur en *Enterofcopie*, il n'auroit jamais paffé le *Rubicon*, ni entrepris cette marche hardie, qui le rendit maitre de fes Concitoyens, s'il n'avoit été affûré de l'évenement.

Auffi tout lui réuffit, & fon bonheur ne fe feroit jamais démenti, fi fa bonne fortune ne l'avoit aveuglé, & qu'il eût continué l'ufage de ces fortes de recherches; c'eft à dire que, felon l'ancien ufage, & la pratique de nos reftaurateurs de cette Science, au lieu des inteftins des Brutes, il eût confulté té les excremens des Hommes. Il n'avoit que deux choses à faire , ou ordonner au Sénat de ch-er devant lui, ce que personne n'auroit osé lui refuser, ou choisir des Visiteurs fidelles & intelligens pour examiner les Latrines. Il auroit bientôt connu la dangereuse mélancholie de *Brutus*, & les malignes humeurs de *Cassius*, & il auroit vu la figure du poignard de *Casca* dans ses *étr. . ns.*

Je pourrois tirer de l'Histoire mille exemples de grands Hommes, qui n'ont été tuez par de lâches Assassins, que pour avoir négligé cette Science. Mais je me contenterai d'un fait pris dans nos Chroniques. C'est celui d'*Edmond Côte de fer*, le plus brave des Rois, qui ayent gouverné l'*Angleterre* avant la conquête des *Normans*.

Ce Prince qui avoit triomphé tant de fois des *Danois*, & qui en dernier lieu avoit vaincu *Canut* leur cruel Roi dans un combat singulier, fut tué indignement par le perfide *Edric*, tandis qu'il étoit occupé sur les latrines à payer un certain tribut à la Nature. Prince généreux, tu étois bien éloigné de craindre la mort dans un tel endroit, toi qui l'avois affronté mille fois sur le champ de bataille! Tu ne pouvois t'imaginer qu'il y eût des dangers à craindre dans ce lieu pacifique, & qu'il fallût le faire visiter, avant que d'y risquer des parties qui ne peuvent voir l'Ennemi. Autrement, tu aurois découvert la trahison & le Traître, & tu aurois fait périr l'Assassin sur la place même où il te massacre, place propre au supplice d'un malheureux, dont la mémoire sera toûjours en mauvaise odeur.

Je sai que les *Pyrroniens* & les Esprits forts se moqueront de mes pensées, & que ceux-mêmes qui sont orthodoxes à d'autres égards s'imagineront que j'ai voulu plaisanter, faute d'avoir entendu parler des divinations qui se faisoient sur les Privez.

Apprenez donc, Messieurs les Incredules, vous qui affectez le titre de Beaux-esprits, que cette Science est aussi ancienne que les *Chaldéens*, qui l'enseignèrent aux *Egyptiens*, lesquels la transmirent dans la *Grece* & en *Italie*. Mais comme jamais Nation n'a n'a reçu les céremonies ou la Religion d'une autre, sans y faire quelque changement, selon que ses coutumes & les idées l'exigeoient, nous ne devons pas être surpris, si à la longue, & en passant de provinces en provinces, ce bel art s'est perdu en partie, & en partie défiguré, jusqu'à devenir presque méconnoissable.

Les anciens *Italiens* l'avoient reçu dans sa premiere pureté, témoin le penchant qu'ils ont encore à *fourgonner* dans les ordures des Hommes. L'Histoire nous apprend qu'il dégenera par la fourberie des Prêtres, & par la sotte délicatesse des *Aruspices*, dont les foibles estomacs, se soulevoient à la vue & à l'odeur des excremens humains; de sorte qu'ils se réduisirent à l'inspection des entrailles des Brutes. Je pourrois montrer comment cet art est enfin tombé dans l'oubli parmi nous. Mais je n'ose le dire. Il y a certaines véritez historiques qu'il n'est pas toujours sûr de rapporter.

Louez soient donc ces grands Génies & ces Philosophes profonds, qui, à leur gloire immortelle, ont à force

de

de tems & de travaux renouvellé ce
mistere inestimable , & rendu par
là au Monde un moyen infaillible de
connoitre l'interieur des Hommes, &
de percer dans les tenebres de l'avenir.
Il est vrai que jusqu'à présent peu de
personnes ont possedé ce grand art. On
n'y a initié que des Docteurs & des
Membres de la Société Royale, qui
n'oublient rien pour en dérober la
connoissance au Public, de peur que
d'autres Hommes ne fussent aussi sages
qu'eux. Pour moi, qui suis *Adepte*,
comme je crois qu'il n'y a aucune loi
qui m'oblige à cacher ce qu'il importe à chacun de savoir, si cet ouvrage-
ci est approuvé, je me propose d'en
donner un autre que j'ai achevé, du
même format, papier & caractère que
les *Constitutions des Francs-maçons.*
J'y expose d'une manière aisée & dans
un stile familier les principes & les regles de cette noble Science, afin que
les moins éclairez, les vieilles & jusqu'aux enfans mêmes, tous puissent
deviner par l'*Enteroscopie* les pensées,
les actions, la fortune passée, la situation présente, l'état de la santé, &
la

la durée de la vie, foit d'eux-mêmes,
foit des autres. Je me flatte que le
Monde favant voudra bien m'encou-
rager à continuer un deffein auffi avantageux & auffi magnifique.

Combien de profit ne reviendra-t-il
pas au Monde de cette communica-
tion? Combien de nouveaux amufe-
mens pour ces gens qui ne favent à
quoi paffer leur tems ? Avec quel
empreffement ne courra-t-on pas aux
Privez, quand on faura que ce font
autant d'écoles, où on peut acquerir de nouvelles connoiffances?

La gayeté de la jeuneffe, & la gra-
vité de l'âge avancé, y trouveront
des fujets de réflexion ou des occafions
de fe divertir, felon leurs gouts differens. La Sage-femme prédira le fort
d'un enfant par l'examen de fes pre-
mières évacuations, & les Nourrices
feront de favans difcours fur les langes
qu'il aura falis. Les Dames ne cher-
cheront plus leur bonne avanture dans
les taffes à thé ou à caffé. Les Ora-
cles de *Moorfields* feront réduits au
filence, & *D-nc-n C-mpb-ll* fera obli-

gé, pour gagner sa vie, de crier mes ouvrages dans les rues.

Alors on verra les Amans, incertains de leur sort, se glisser en secret dans les cabinets de leurs Maitresses, & interroger leurs chaises percées sur l'état de leur amour. *Jean* le Sommelier verra la forme de sa cuillière d'argent dans le pot de chambre des Servantes, & on découvrira les crimes des prisonniers par la vue de leurs ordures.

Dans ce miroir de la Fortune, le Chapelain pimpant verra combien il a de tems à attendre, avant que d'être fait Evêque. Là le Citoyen inquiet & brouillon verra si ses travaux doivent être recompensez d'un cordon bleu ou d'une corde. On verra une robbe fourrée d'hermines & une chaine d'or dans les *dragons volans* qu'un apprentif destiné par la fortune à devenir *Alderman* jettera par les fenêtres du grenier de son Maitre.

Les disputes seront toutes décidées par le moyen de cet Art. Il n'y aura plus de procès, & la salle de *West-*
Min-

Minster demeurera déserte, quand on aura un moyen & aussi facile & aussi équitable de terminer les differens. Les revenus & le crédit d'un Homme dépendront de ses excremens, & on ne demandera point quel est son caractère, mais comment il *ch-e.*

Bientôt, le tems approche que le poste d'une Servante sera glorieux, qu'on enviera celui d'un Valet de chambre, que ceux qui font les lits auront des songes prophetiques, & que les Blanchisseuses verront des visions.

Pour moi, je ne prétends pas m'arroger la moindre part aux honneurs, qu'on rendra à ces profonds misteres. Je me contente d'être connu chez la Postérité, sous le nom de *Protocacographe.*

Jusqu'à ce qu'on m'anime à publier ce merveilleux ouvrage, au lieu de m'étendre sur ce qu'il y a de misterieux dans la *ch-erie*, je la considererai comme faisant branche de l'économie particulière ou civile; & je rechercherai jusqu'à quel point on peut la perfectionner, soit par rapport au céremonial & à la bienséance,

soit

foit par rapport à l'ufage & au plaifir.

Quant aux deux premiers points,
je connois bien peu de gens, qui ayent
le grand air de *ch-er*. La plûpart du
monde s'acquitte de cette fonction,
ou à la hâte, comme s'ils le faifoient à
regret, ou avec indolence, comme fi
c'étoit une action peu importante. La
manière commune de défaire fon haut-
de-chauffe, les airs maladroits qu'on
fe donne fur les privez, les grimaces
affreufes, & les exclamations barbares
qu'on y fait, voila autant d'articles fur
lefquels une réformation eft d'une ex-
trême néceffité.

Je ne trouverois donc pas inutile
qu'on érigeât des Academies fous la
direction de perfonnes polies & bien
nées, où les jeunes gens appriffent à
faire en Cavaliers ce que perfonne ne
fauroit faire pour eux, & où on mon-
trât aux moindres Demoifelles à *ch-er*
comme les grandes Dames. On y enfei-
gneroit aux uns & aux autres comment
ils doivent entrer de bon air dans les
Retraits, lever leurs juppes, ou baif-
fer leurs haut-de-chauffes de bonne
gra-

grace, & s'asseoir sur le siége avec
une certaine manière qui invite les
spectateurs. On leur y enseigneroit à
donner aux traits de leur visage une
situation agréable, & à ne prononcer que des interjections harmonieuses
& significatives. Enfin, on leur y enseigneroit l'art de s'essuyer proprement,
selon les doctes leçons que *Rabelais*
en a données.

Il faudroit avoir égard dans ces
préceptes à la différence des Sexes.
On auroit donc soin que les Hommes
eussent en *ch·ant* l'air mâle & noble, & que les Femmes y conservas-
sent ces graces douces & molles, qui
leur conviennent. On porteroit même l'attention, jusqu'à regler l'exte-
rieur de ceux qui prennent medecine,
ou qui ont pris des pillules.

Ce n'est pas tout. Pour prévenir
le desordre qui arrive souvent en ces
occasions, quand on n'a pas le tems,
je proposerois humblement qu'on fit
des poulies, que les Hommes met-
troient à leurs hauts de chausses, & les
Femmes sous leurs jupons. Ces instrumens seroient garnis de cordes
&

& des poids néceſſaires, de ſorte qu'il n'y auroit qu'à lâcher une corde, en un clin d'œil, on verroit les culottes tomber aux Meſſieurs ſur les talons, & les juppes des Dames ſe relever juſqu'à la ceinture.

Les perſonnes du dernier rang ne manqueroient pas de vouloir imiter les Grands & les Riches, & de ſe mettre à la mode autant qu'ils pourroient. Seulement, comme ils n'auroient pas le moyen d'avoir des poulies d'argent ou d'ivoire, des poids dorez, & des cordons de ſoie, ils ſe contenteroient de cordes à deux ſols & de plomb tout ſimple.

On regarderoit alors un petit ſéjour dans une de ces Academies dont j'ai parlé, comme une choſe auſſi néceſſaire aux Filles de Cabaretiers & de Chandeliers, que le peuvent être les leçons d'un Maitre à danſer. D'un autre côté, les Laquais & les Filles de chambre apprendroient cet art de leurs Maitres & de leurs Maitreſſes. Par là, il ſe feroit une circulation de politeſſe parmi les moindres Habitans de notre Iſle, qui en chaſſeroit enfin

fin la barbarie, que les Etrangers imputent à la Populace *Angloife*.

J'ai encore une autre propofition à faire, que je foumets à la confideration de notre fage Gouvernement.

Londres, aujourdhui la plus grande Ville de l'Univers, feroit auffi la plus belle, fi les Bâtimens publics répondoient aux maifons des Particuliers, & que nous euffions la noble émulation d'élever pour le Public des edifices magnifiques & fuperbes. Tout barbares qu'on eftime ici les *Turcs*, ils nous furpaffent infiniment à cet égard, par la magnificence qui brille dans les lieux qu'ils deftinent à l'ufage commun, tels que les *Caravanferas* & les *Bains*.

Ce même foin rendit l'ancienne *Rome* la merveille du Monde, & cette grande Ville fut bien moins fameufe par l'étendue de fes conquêtes & de fon empire que par fes *Cirques*, fes *Théatres*, fes *Amphithéatres* & fes *Termes*.

Pour nous borner à ces dernières, on y voyoit ce que l'Art a de plus
par-

parfait avec ce que la nature fournit
aux Hommes de plus précieux. Elles étoient bâties des marbres les
plus rares. L'Architecture & la
Sculpture sembloient s'y disputer
l'honneur d'embellir ces lieux. On
n'avoit pas cru devoir moins à l'ornement d'édifices faits, non seulement pour se laver, mais aussi pour
y décharger ses intestins agréablement & commodément.

Il est vrai que notre climat n'e-
xige ni ne permet des bains aussi
fréquens. Mais comme nous ne man-
geons pas moins que les *Romains*, nous
n'avons pas moins besoin qu'eux de
nous défaire de cette partie de nos
alimens, qui n'est d'aucun usage à
nos corps. Combien utiles nous seroient donc des *Thermes* semblables
aux leurs? Quelle gloire ne seroit-ce
pas pour cette auguste Capitale d'a-
voir de pareils édifices?

Il n'y a personne, je crois, qui ne
se soit trouvé dans les rues, avec des
envies soudaines & violentes de sou-
lager ses intestins. En quelles agonies
ne sommes nous pas alors? Quel est
le

le dérangement de tout notre corps?
L'inquiétude & la crainte font pein-
tes fur le vifage. Les Femmes cou-
rent dans quelque boutique, où elles
marchandent quelque chofe dont elles
n'ont que faire, pour gagner les bon-
nes graces des gens du logis, & en
obtenir l'entrée dans leurs fecrets.
Mais, tandis qu'elles héfitent à parler,
elles laiffent tomber une partie de
leur fardeau à terre, ou dans leurs
mules, & enfin elles demandent que
la Servante les conduife derrière. Le
fort des Hommes n'eft pas moins trifle.
Pauvres Diables que nous fommes,
nous allons nous jetter dans un mé-
chant cabaret, ou dans un caffé bor-
gne, où, avant que nous ayons pu
avoir une chandelle pour defcendre
dans un coin de la cave, le cruel ennemi qui nous perfecute impitoyable-
ment gagne la breche, & fe loge dans
notre chemife, à notre honte & con-
fufion. J'avoue que ceux qui ont ca-
roffe peuvent faire leurs affaires fous
les fiéges. Mais on m'avouera auffi,
qu'ils aimeroient encore mieux trouver dans chaque quartier de la Ville des latrines commodes & magni-

C   fi-

fiques, comme celles dont j'ai fait mention.

Je defefpere de voir jamais les Particuliers élever de femblables édifices. L'amour des *Romains* pour le bien public, & la charité des *Mahómetans*, font deux vertus étrangères parmi nous. Mais, quand on fera convaincu par le projet fuivant, qu'on ne fauroit mieux placer fon argent que dans une telle entreprife, je compte que beaucoup de nos gens riches prendront fur eux un foin qui doit être avantageux pour eux, & utile & agréable au Public.

PROJET

Pour bâtir & entretenir des Latrines Publiques dans les Cites & Fauxbourgs de LONDRES *& de* WESTMINSTER.

I. ON érigera une Compagnie par une Chartre, ou autrement, comme on le trouvera bon, laquelle poura prendre des foufcriptions pour la fomme de 25000000 li⸗

livres sterling, qu'on employera à bâtir cinq cent Latrines, en divers endroits de la Ville, & à des distances convenables. Ladite Association portera le nom de *Compagnie nécessaire*. Elle aura à sa tête un Gouverneur, un Sous-Gouverneur, & trente Directeurs, qu'on choisira de trois en trois ans, & qui seront pris d'entre les Associez qui ont pour 10000 livres en actions. Les actions pouront être transportées, de même que dans les autres Compagnies.

II. Lesdites Latrines seront bâties en quarré de pierres de *Portland*. Les galeries & ornemens des façades seront de marbre. Les statues, bas-reliefs, sculptures des corniches, & chapiteaux des colomnes & des pilastres représenteront des postures usitées dans l'évacuation des intestins. Les cours seront pavées de marbre, & il y aura un bassin au milieu, dont la groupe fera allusion à l'usage de l'édifice. On bâtira un portique, couvert d'une voute platte, & porté par des colomnes, qui regnera autour de la cour, & entre deux colomnes il y aura toujours une porte ouverte

C 2 qui

qui conduira dans un lieu secret.

III. Lesdits lieux secrets seront peints à fresque de grotesques convenables & de figures hierogliphiques. On couvrira les sièges de drap fin doublé de coton. Enfin on étendra en hiver des tapis de *Turquie* sur le plancher, & en Eté on le jonchera de fleurs & de verdure.

IV. Les Hommes occuperont les Latrines de la main droite, en entrant par la grande porte, & les Femmes celles de la main gauche.

Nota bene, que ces dernières ne seront séparées les unes des autres, que par des murailles à hauteur d'appui, pour faciliter la conversation.

V. Chaque personne donnera, en sortant, à celui qui l'aura accompagné de la part de la Compagnie, la somme de deux sols, pour être appliquée au profit de la Compagnie, qui fera ses répartitions quatre fois ou deux fois par an, selon qu'on en conviendra dans les Assemblées générales.

VI. Un chacun aura droit pour sa pièce de deux sols de demander deux morceaux de papier propre, doux & blanc, long de huit pouces chacun,

&

& large de fix. Et d'autant qu'il y
a beaucoup de perfonnes ftudieules qui
n'ont de loifir pour lire, que dans les
Latrines, & qui font un double ufage des livres qu'elles lifent d'abord,
après quoi elles facrifient au foulage-
ment de leurs inteftins ces produc-
tions de la cervelle des Savans, il y
aura dans chaque Latrine une Bibliothèque, d'où on tirera pour ceux qui
le voudront, au lieu du papier blanc,
deux feuillets de livres convenables à
leurs befoins. Quant aux Perfonnes
de qualité, & à celles qui pouffent la
délicateffe un peu loin, on aura dans
chaque Collège cacatoire un office,
garni de papier doré, de papier des
Indes, de velours, de fatin, d'écarlate, de peaux de lapins ou autres
fourures, & de belle toile de *Hollande*, dont on donnera, moyennant
un certain prix fixé par les Directeurs.

VII. Les Demoifelles deftinées à
accompagner les Femmes dans les Latrines feront choifies par des Matro-
nes qui auront foin d'examiner fi elles ont une volubilité de langue fuffi-
fante, & fi elles favent bien l'hiftoire

fcanscandaleuse, & on donnera aux Hommes pour compagnie de pauvres Ecoliers ou des Poëtes.

VIII. Chaque Collège sera gouverné par un Homme de lettres & par un Philosophe, dont les revenus, ainsi que ceux des personnes destinées à tenir compagnie aux allans & venans, seront reglez par les Directeurs de la Compagnie. Il y aura un Caissier dans chaque Collège.

IX. Les Visiteurs & *Virtuosi* autorisez par la Compagnie auront droit d'examiner les Privez tant de fois & autant de tems qu'il leur plaira.

X. Le Président & les Officiers de chaque Collège auront leurs appartemens vis à vis des Privez.

XI. Les grandes portes demeureront ouvertes, & les personnes nommées pour tenir compagnie se tiendront prêtes, depuis cinq heures du matin jusqu'à onze heures du soir. Mais personne ne pourra occuper le siége plus d'une demi-heure, à moins de payer à proportion du tems qu'il y passera de plus.

XII. Si quelqu'un, ayant du génie pour le dessein, ose peindre les murail-

railles d'une couleur qu'on ne doit
trouver que dans les foffes des privez,
il payera une amende de cinq livres
fterling, à moins qu'il n'aime mieux
effacer avec la langue les vilaines figures qu'il aura tracées.

On pouroit ajouter encore bien
des chofes à ce plan. Mais je les
omets exprès, afin que d'autres beaux
Efprits trouvent encore de quoi exercer leur pénetration fur cette matière.
Je ne dirai donc plus qu'un mot ou
deux, pour démontrer à nos gens ai-
fez la réalité du fonds que je propofe
de créer.

On peut fuppofer fans exageration,
que le nombre de ceux qui ch..ent
à *Londres*, eft de 1200000, dont
un tiers font en état de payer les
commoditez que je veux leur ériger. Je fuppofe encore, que toute
perfonne faine va par jour deux fois
à la felle, & que tout malade y va au
moins trois ou quatre fois. C'eft
donc 400000 pièces de quatre fols,
qui multipliées par les jours de l'année, produiront par an 1433333 livres fix fhellins huit deniers. Les
revenus extraordinaires de la Com-

pa-

pagnie, qui aura soin de mettre les Medecins dans ses interêts, consisteront dans la vente de ce qu'ils auront dans leurs fosses, & dans la permission de faire seuls le salpêtre, & de distiller le genevre. Ces moyens & autres, qui pouront être trouvez par la suite doubleroient pour le moins la somme susdite; de sorte que, toutes charges payées, le dividend surpassera encore celui de nos grandes Compagnies.

Que si on me dispute le nombre des Chalands de ces lieux, je dirai pour toute réponse, que, connoissant comme je fais l'amour de mes Concitoyens pour l'aise & pour le plaisir, je suis persuadé que non seulement la Noblesse désertera ses Privez, pour se rendre à ceux-ci, mais que même ceux qui ont peu de bien aimeront mieux de trois repas s'en retrancher un, que de ne pas avoir la satisfaction de déposer leurs excremens dans des endroits aussi délicieux.

PENSÉES
HAZARDÉES
SUR
LES ETUDES,
LA GRAMMAIRE,
LA RETHORIQUE,
ET
LA POËTIQUE.
PAR
Mr. G. L. LE SAGE.

A LA HAYE,

Chez JEAN van DUREN.

M. DCC. XXIX.

AUX
SEIGNEURS,
GENTILSHOMMES,
ET AUTRES PERSONNES
DE LA NATION BRITANNIQUE,

Que j'ai eu l'honneur d'enſeigner
à *Geneve*, depuis mon retour d'*Angleterre*,

Nommez ſuivant l'ordre des tems
auxquels j'ai commencé
à les enſeigner.

MR. HARENE, le 24. Mars
1712.
Mr. GIRARD de Hart-
ford-shire, le 24. Avril 1713.
Mylord DALKITH, Petit-Fils
du

du Duc de *Montmouth*, le 5.
Juin 1713.

Mr. BADWELL, du Païs de Galles, le 8. Juin 1713.

Mr. DUQUENE junior, le 2. Octobre 1713.

Mr. LUMLEY, Fils de Mylord *Scarborough*, le 7. Novembre 1713.

Mr. FAVORALL, le 4. Décembre 1713.

Mr. CARR de Durham, le 6. Février 1714.

Mr. TAYLOR, le 5. Mars 1714.

Mr. SHAW de Norfolk, le 24. Avril 1714.

Mylord CLINTON, le 2. Octobre 1714.

Madame STANNYAN, Epouse de Mr. l'Ambassadeur d'Angleterre à Constantinople, le 12. Novembre 1714.

Mr. FINCH, Envoyé Extraordinaire de Sa Majesté Britannique à la Haye, le 24. Juillet 1715.   Mr.

Mr. LIVERSEY de Leeds, le 21. Octobre 1715.

Mr. *Richard* CORBET Chevalier Baronet, le 29. Octobre 1715.

Mr. SLOANE, Neveu du fameux Docteur *Sloane*, le 4. Novembre 1715.

Mr. HOKET, Ecossois, le 18. Décembre 1715.

Mr. CORNWALL, Fils de l'Amiral, le 12. Octobre 1716.

Mr. FABROL, le 9. Décembre 1716.

Mr. le Capitaine LAMBERT, le 25. Janvier 1717.

Mr. CLATTERBOURG, Secretaire d'Etat en Irlande, le 12. Juillet 1717. *

Mr. Thomas LOWTHER Chevalier Baronet, le 28. Novembre 1718. †

My-

* J'allai à Paris au mois de Septembre 1717, d'où je revins au mois de Novembre 1718.

† J'avois demeuré à Lowther en Westmor-

Mylord MARR, le 10. Juillet 1719.

Mr. le Colonel STUART, le 10. Juillet 1719.

Mr. SERCES, Miniftre en Lin-coln-shire, le 20. Novembre 1719.

Mr. HUNTER de Leeds, le 5. Décembre 1719.

Mr. WILLAM, le 6. Décembre 1719.

Mr. FORSTER, Fils du Chef de Juftice d'Irlande, le 19. Juil-let 1720.

Mr. JENNING, le 16. Octobre 1720.

Mr. HOW, né à Geneve, le 1. Juillet 1721.

Mr. le Colonel HATTON, le 10. Mai 1722.

Mr.

morland, depuis Janv. 1710 jufqu'en Avril 1711 chez Mylord Lansdale Chef de la Fa-mille de Lowther, un des Seigneurs de la Chambre & Gouverneur de la Tour de Lon-dres.

Mr. de SAINT JEAN, Fils de Mylord *Saint Jean*, le 12. Août 1722.

Mr. ROLLE, le 26. Décembre 1722.

Mr. *Girard* AILMERE, Chevalier Baronet, le 29. Décembre 1722.

Mr. FARMOR, Petit-Fils du Duc de *Leeds*, le 24. Septembre 1723.

Mr. DAY Chapelain ordinaire du Roi de la Grande Bretagne, le 11. Décembre 1723.

Mr. *Jaques* KNESMITH, Chevalier Baronet, le 20. Décembre 1723.

Mr. le Capitaine WOOD, Ecossois, le 20. Décembre 1723.

Mr. DAWNING, le 29. Juin 1724.

Mr. WIN, Gouverneur du Château de Caernarvon, le 30. Octobre 1724.

Mr. GUIGUER, le 15. Juin 1725.

Mr. BARLOW, du Païs de Galles, le 13. Mars 1725.   Mr.

Mr. BLUNT, le 15. Juin 1725.

Les Fils de Mr. HYLYN, Miniftre de Ste Marie dans le Strand, le 25. Juin 1725.

Mr. EVANS Fils aîné de Mylord *Karbury*, le 21. Juillet 1725.

Mr. ROLT, de Hartford-shire, le 24. Septembre 1725.

Mylord KILMURY, le 5. Octobre 1725.

Mr. STEWERT, Ecoffois, le 5. Octobre 1725.

Mr. O-BRIAN, le 15. Octobre 1725.

Mr. JEFFEREIS, le 15. Octobre 1725.

Mr. HERBERT de Shropshire, Membre du Parlement d'Angleterre, le 15. Novemb. 1726.

Mr. François DASHOOD, Chevalier Baronet de Buchinghamshire, le 18. Novembre 1726.

Mr. COLDWORTHY, de Cornouaille, Neveu de l'Amiral *Wager*, le 20. Novemb. 1726.

My

MYLORDS ET MESSIEURS,

LE long séjour que j'ai fait autrefois en *Angleterre*, & l'honneur que j'ai eu de vous servir dans vos Etudes, * pendant vôtre séjour à *Geneve*, m'ont inspiré la liberté de vous présenter ce petit Ouvrage, & de le mettre sous votre protection. Personne n'est plus interessé à connoitre les abus qui regnent dans la méthode des Etudes, que ceux qui sont destinez par leur naissance à exercer de grands Emplois, dont ils ne sauroient bien s'acquiter, qu'en oubliant les Etudes superflues qu'ils ont faites dans léur jeunesse.

Ce

---

* Depuis le 2. Octobre 1700 jusqu'au mois de Mai 1705, que je passai en *Hollande*, où je séjournai une année ; & depuis le mois de Mai 1706 jusqu'au mois d'Avril 1711, m'étant absenté de *Geneve* depuis le mois d'Août 1700, jusqu'au mois de Juillet 1711.

D

Ce feroit ici le lieu de parler des qualitez & du mérite de Vos ILLUSTRES PERSONNES, de la gloire de la NATION BRITANNIQUE, & de l'empreſſement qu'a toute l'*Europe* pour ce qui vient d'*Angleterre*, autant pour les Ouvrages d'eſprit, que pour les Méchaniques. Mais c'eſt une choſe au deſſus d'un petit Particulier, que l'on trouvera peutêtre trop hardi, * d'oſer, ſans caractère ni vocation publique, manifeſter ſes ſentimens ſur des matières bien moins importantes. Je fais des vœux très ardens pour votre conſervation. Je ſuis avec un très profond reſpect.

MYLORDS ET MESSIEURS,

Votre très humble & très-obéiſſant ſerviteur,

G. L. LE SAGE.

* *Quam ſtudia veſtra vehementer juvari, adoleſcentes, cupiam, fiet ut quædam liberius uti volent, dicam.* Melanchton, *de corrigendis ſtudiis.*

PREFA-

PREFACE.

CE petit Ouvrage ayant paru pour la première fois mal imprimé, en petits caractères, mauvais papier, sans date, & sans nom d'Auteur & d'Imprimeur ; bien des gens soupçonnèrent que c'étoit une Piè-re hazardée, qui contenoit des cho-ses hardies. Dans cette préven-tion, ils crurent bientot y voir des choses dangereuses, & qui méri-toient reprehension. Et, s'imagi-nant qu'on ne pouvoit se dispenser d'en prendre connoissance, ils di-rent qu'à la génereuse recomman-dation de ceux qui étoient interes-

D 2   sez

PREFACE.

fez à faire cenfurer l'Ouvrage, l'on s'étoit contenté de cenfurer l'Auteur en particulier, & de le réfuter pleinement par la voie abregée & commode de l'Autorité. *

C'eft pour détruire un bruit fi defavantageux, que je l'ai fait rimprimer fous une forme moins mifterieufe. En cenfurant les Méthodes qui fe pratiquent dans les Univerfitez, je ne dis rien qui ne convienne à plufieurs lieux & à plufieurs perfonnes. Le long féjour que j'ai fait dans les Païs étrangers doit faire rapporter mes remarques à ces grandes Univerfitez, où certains abus font fcanda-

PREFACE.

daleux. Et ces pensées ne pou-
voient être plus de saison, que dans
un tems où l'on entend tous les
jours faire en public & en particulier l'éloge de la Tolerance & de la
Liberté de penser, même sur les
matières importantes de la Religion & de la Morale, dont il ne
s'agit nullement ici. Mais il y a
des gens qui croient que tout ce qui
peut leur être appliqué s'adresse à
eux. * Que s'il y a des Lecteurs
assez malins, pour vouloir rapporter à des Particuliers les choses générales que je dis, qu'on s'en
prenne à eux, & non pas à moi.

Après

* Suspicione si quis errabit sua, & rapiat ad
se quod erit commune omnium, stultè nudabit
animi conscientiam. Huic excusatum me velim
nihilominus. Neque enim notare singulos mens
est mihi, verum ipsam vitam & mores hominum
ostendere. Phæd. lib. 3.

D 3

PREFACE.

Après tout, il importe à tant d'honnêtes gens de connoître les abus qui regnent dans la méthode des Etudes, qu'il ne seroit pas juste de dissimuler ces abus, pour ménager la délicatesse de quelques Particuliers.

Aux Pensées sur les Etudes, j'en ai joint d'autres sur la Grammaire, sur la Réthorique, & sur la Poëtique, dans lesquelles je tâche de donner des principes, pour bien juger des Ouvrages d'esprit.

Il s'est introduit depuis quelque tems un abus dans le langage, qui contribue beaucoup à faire juger à l'aventure du mérite des Ouvrages d'esprit. L'on applique le terme de gout aux cho-

PREFACE.

choſes qui ſont uniquement du reſ-
ſort de la Raiſon. L'on dira que
l'on a un gout pour un certain Livre, dans le même ſens que l'on
dit, que l'on a du gout pour une
certaine étoffe à fleurs. Ce qui
eſt la même faute, que ſi l'on vouloit juger des ſons par les yeux, ou
des couleurs par les oreilles. Je
me propoſe dans ce petit Ouvrage, de donner à ceux qui aiment
la lecture, & ne font pas profeſſion d'étude, des regles fixes
& certaines, tirées de la Raiſon,
pour juger des Ouvrages d'eſprit.
L'on y verra que, lorſque les
Connoiſſeurs diſent, qu'un diſ-
cours ou un Poëme ſont bons ou
mauvais, ce n'eſt pas par un cer-
D 4 tain

PREFACE.

tain gout, qu'un long commerce avec les livres leur ait procuré; mais par des principes de bon sens, aidez de quelques connoissances faciles à acquerir.

PENSÉES
HAZARDÉES
SUR LES
ETUDES.

I.

SI l'invention de la poudre à canon a entièrement changé la méthode de faire la Guerre, l'on peut dire que l'invention de l'Imprimerie devroit avoir entièrement changé la méthode des Etudes ; & que, si la chose n'est pas encore executée, cela vient de ce que la plupart des fameuses Ecoles ont été érigées avant l'invention de l'Imprimerie. *

II. Les

* La plus ancienne Université est celle de

D 5

Pa-

II.

Les Anciens ont dit qu'un gros livre etoit un grand mal. N'en pouroit-on pas dire autant d'une nom-
breufe Univerfité? Jamais il n'y eut
moins de liberté pour les fentimens,
& plus de débordement dans les
mœurs, que dans ces fameufes Univerfitez des fiecles paffez, dans lefquelles l'on prétend avoir compté jufqu'à
vingt mille Etudians.

III.

Lorsque les livres étoient rares,
il falloit qu'il y eût des fondations publiques, où les Ecoliers puffent entendre les Docteurs, & faire des extraits de leurs leçons. Mais à préfent,
il

Paris fondée par *Charle-Magne* vers l'an
791. Le premier Imprimeur fut *Kofter* qui
travailla à *Haerlem* l'an 1430. *Fuft. Fauft.* où
Fauftus fon Affocié lui emporta fes outils,
& alla travailler à *Mayence*, où il imprima
des Bibles qu'il fit vendre à *Paris*, où l'on
l'accufa de Magie; ce qui donna lieu aux
contes que l'on fait du Docteur *Fauftus.*

il suffit que les Princes favorisent l'Imprimerie & le Commerce des livres & du papier, afin que l'on puisse aisément y trouver les matières aussi bien traitées & digérées, qu'elles le puissent être dans les Auditoires. Un Habile homme disoit qu'il étoit plus avantageux à un Étudiant de loger chez un Relieur de livres, que chez un Professeur. Aussi remarque-t-on que, depuis que les livres sont communs, les Universitez sont tous les jours moins frequentées.

IV.

Il y a beaucoup de Charlatanerie dans les cahiers que les Professeurs font copier à leurs Écoliers. Quelquefois ce ne font que des copies déguisées de livres déja imprimez, inconnus aux Écoliers ; & souvent ces cahiers tombent dans le mépris, dès qu'ils sont imprimez.

V.

Depuis l'invention de l'Imprimerie, la facilité d'avoir des livres, & la lecture des Traductions, des Journaux & des

des Dictionaires ayant augmenté prefqu'à l'infini, le nombre des Demi-
Savans, a auſſi augmenté à proportion
de celui des véritables Savans, & l'on
n'eut jamais moins de raiſon de dé-
clamer contre le Savoir ſuperficiel.

VI.

L'EXEMPLE des Habiles gens qui ſe
forment tous les jours dans les Villes capitales, ſans le ſecours des Ecoles publiques, nous fait voir qu'il
ſuffit pour faire fleurir les Arts &
les Sciences, que les livres ſoient
communs, & que ceux qui font les
mêmes Etudes puiſſent aiſément com-
mercer, & former entre eux de petites aſſemblées.

VII.

QUE dans une bonne Ville, l'on
ſe contente de choiſir l'Ecolier le plus
inepte, pour avoir ſoin de faire ſouvent aſſembler ceux de ſon âge & de
ſa profeſſion, pour opiner tour à tour
ſur une queſtion, concernant leurs
études, & critiquer les compoſitions
d'un

d'un chacun ; & que cet Ecolier ait soin d'en instruire de tems en tems le Public, afin que la diligence d'un chacun soit connue : Il sortira de cet établissement autant de bons Sujets, qu'il en sort des Universitez les mieux rentées.

VIII.

Puisque, lors que l'on confere les dégrez, l'on ne considere que rarement le mérite personnel, mais seulement la date & le séjour que les Aspirans ont fait à l'Université, suivant les statuts de chaque lieu ; si on abrogeoit ces statuts, l'on verroit bientot déserter la meilleure partie des Universitez.

IX.

Quelqu'un a dit que les Princes devoient se contenter de proteger le Commerce, sans jamais entrer en portion avec les Marchands. Mais, si le Négoce ne veut pas être gêné, les Etudes ne demandent pas moins de liber-

liberté. Combien de Sociétez de
Gens de lettres ont travaillé avec
fuccès, tant qu'elles n'étoient qu'un
effet de l'inclination que leurs Membres avoient les uns pour les autres,
qui ont dégeneré en Cabales, dès
quelles ont été érigées en établiff-
mens publics.

X.

S i le parti des Etudes & les fondations de la plupart des Ecoles n'é-
toient pas un azile contre la faim,
les Sciences feroient plus eftimées &
plus cultivées par les Riches, & par
confequent beaucoup plus perfection-
nées.

X I.

Lorsque les Etudes étoient difficiles, c'étoit toujours une chofe louable
que d'étudier; mais à préfent plufieurs prennent le parti des Etudes par ambition, ou par pareffe.

XII.

XII.

Les Rabins parlent de dix *Oiseux*
de l'ancienne Sinagogue, qu'ils pré-
tendent avoir été des gens entretenus
pour être affidus aux Prières publiques, & représenter l'affistance du
Peuple. L'on pourroit dire que les
Stipendiaires des Univerfitez font la
même chofe dans les Auditoires.

XIII.

Dans les Univerfitez, les Profeffeurs protegent ordinairement ceux
qui font diligens & dociles, & fe défient de ceux qui penfent hardi-
ment, quoique plus propres à perfectionner les Sciences. La plupart
des grands Hommes, qui fe font dif-
tinguez par leurs découvertes dans
les Sciences, ont été perfecutez par
les Univerfitez. Pour ne rien dire de
l'ambition & de la jaloufie de quelques
Univerfitez, lefquelles, pour être
feules dépofitaires des Sciences, em-
pêcherent les Graduez de les enfeigner
hors

hors des Univerſitez. Par les Statuts
de l'Univerſité d'*Oxfort*, il eſt défen-
du aux Etudians & aux Bacheliers
aux Arts ¿ de lire des livres au deſſus de leur competence; & les Maitres aux Arts, en recevant leurs dégrez, prêtent ſerment de ne jamais
enſeigner les Sciences hors des Univerſitez, & nommément à *Stanford*.

XIV.

L ES Profeſſeurs s'imaginent ſouvent qu'il y va de leur honneur, ou
de leur répos, de ſuivre conſtam-
ment le Siſtème qu'ils ont une fois
adopté ¿ & les penſions pour enſeigner publiquement ne ſe donnent
qu'aux conditions expreſſes, ou taci-
tes, que l'on s'attachera à de certains
Siſtèmes, & que l'on les ſera recevoir; ce qui eſt contraire à la liberté
des Etudes.

XV.

L ES diſputes publiques, où les jeunes gens ſe préparent pour les examens

mens qu'ils doivent subir par les reglemens des Universitez, ne servent point à éclaircir une question; mais seulement à inspirer aux Jeunes gens un esprit de dispute, qui les rend incommodes dans les compagnies, & incapables de traiter bien d'une affaire sérieuse. *

XVI.

Si l'on supprimoit les Universitez, alors les Etudes ne seroient plus cultivées que par les Riches, ou par des Esprits extraordinaires, qui, par la liberté de leur état, ou par l'élevation de leur génie, donneroient un libre essort à leurs pensées; n'étant plus traversez par le parti des Universitez, la méthode & le stile des Scholastiques tomberoient, chacun seroit libre de com-

* Nunc & rerum tumore & sententiarum vanissimo strepitu, hoc tantùm proficiunt, ut cùm in forum venerint, putent se in alium terrarum orbem delatos. Et ideo ego adolescentulos existimo in Scholis stultissimos fieri, quia nihil est in iis quæ in usu habemus aut audiunt aut vident. Petron. Cap. 1.

E

commencer par apprendre les langues mortes, ou de paſſer inceſſamment à l'étude des Sciences: L'on iroit beaucoup plus vite dans la recherche de la Vérité, & les Gens de lettres, cultivant davantage les langues vivantes, feroient plus en état de rendre ſervice à leur Patrie. Pluſieurs de ceux qui auroient regret de n'avoir pas appris les langues mortes dans leur jeuneſſe, pourroient encore les apprendre ſans Maitre, ſans Grammaire & ſans Dictionaire, en s'appliquant à lire quelques périodes dans les Verſions, & en liſant enſuite la même choſe dans l'Original.

XVII.

La Scholaſtique eſt une ſuite néceſſaire des établiſſemens publics, pour enſeigner les Sciences, que l'on ne poura jamais bannir des Univerſitez. Tous ceux qui ont été longtems Profeſſeurs ſe ſont fait une eſpèce de Scholaſtique. Pour enſeigner publiquement avec méthode, il a fallu adopter des ſiſtèmes; ce qui inſenſibleblement a donné lieu à un nombre infini de questions, de définitions & de distinctions subtiles, lesquelles ont durant plusieurs siecles si fort ocupé l'esprit des Gens de lettres, que l'on négligea entièrement le peu de gout que l'on avoit avant ces établissemens pour la Mathematique, l'Histoire, les Belles lettres & l'étude de l'Ecriture Sainte, ce qui défigura entièrement la Théologie, la Morale, la Philosophie, la Jurisprudence & la Medecine. *

XVIII.

S'IL n'y avoit point d'Universitez, il y auroit moins de ces gens qui, sans gout pour l'Etude, sans amour pour la Vérité, & sans zèle pour le bien public, n'embrassent le parti des Etudes que pour s'en faire un gagnepain; & qui, dénuez de mérite personnel se font continuellement un rempart de la dignité de leur Caractère.

XIX.

* Voyez Melanchton de corrigendis studiis.

XIX.

QUE de gens jouiſſent des fruits
de la Science, ſans avoir eu la peine
de l'acquerir, à la faveur d'un caractère extorqué par la brigue, & ob-
tiennent des dignitez qu'ils desho-
norent, au préjudice d'autres qu'un
vrai mérite devroit y placer !

XX.

IL ne paroit pas qu'il y ait eu parmi les Anciens, *Grecs* ou *Romains*,
rien de ſemblable à ce que nous appellons *Caractère indelebile*, * attaché
à une perſonne independamment de
ſes emplois ou de ſes occupations;
comme ſont la qualité de *Cheva-*
lier, de *Prêtre*, de *Docteur*, ou de
Magiſter. Les Prêtres ne compo-
ſoient pas des corps diſtincts dans
l'Etat

---

* Voyez *Bibliothèque ancienne & moderne, Tom.*
XXVI. *part.* 2. En *Turquie* les Prêtres peuvent ſans ſcandale quiter leurs Emplois, pour
en embraſſer un autre civil ou militaire.
Trans. Phil. N. 155.

l'Etat, ne tenoient pas des Conciles & ne faisoient pas des Articles de Foi.

XXI.

Il ne paroit pas qu'anciennement l'on apprit la Théologie, le Droit & la Médecine autrement que les autres Sciences. Les Maitres tenoient chez eux des Eleves dont ils dirigeoient les Etudes, & qui leur rendoient plusieurs services dans leurs Professions, & se formoient dans les vertus domestiques & économiques, dont on fait si peu de cas dans les Universitez. Cette méthode ne changea, que par la fondation des Ecoles publiques.

XXII.

Dans une Université, l'état d'un Etudiant est le plus independant & le plus libertin de tous les états. Dans les Troupes d'*Allemagne*, il arrive souvent qu'un Etudiant gâte tous les Soldats d'une Compagnie, en leur ap-

apprenant des tours dont ils ne fe feroient pas avifez. Cela n'arriveroit
pas, fi, lorfqu'on deftine un jeune
Homme aux Etudes, l'on l'aflujettif-
foit pour quelques années à un Maitre qui s'engageroit à avoir l'œil fur
fa conduite, à l'occuper utilement &
à lui enfeigner fa profeffion.

XXIII.

BIEN des gens croient que fi l'on
fupprimoit les Maitrifes des Métiers,
le Public en feroit mieux fervi, & que
les Arts feroient cultivez par plus de
gens. Peutétre en feroit-il de même
des Sciences, fi l'on aboliffoit le *Doctorat*, & les autres grades ufitez parmi les Gens de lettres.

XXIV.

CEUX qui ont écrit des Démons
difent que ces Efprits infernaux, fe
voyant damnez fans retour, font ce
qu'ils peuvent pour augmenter le nombre de leurs Compagnons de tour-
mens. Plufieurs de ceux qui ont paffé

fé la meilleure partie de leur vie à fu-
bir les loix de certaines Univerſitez,
pour obtenir le Doctorat, n'étant plus
en état d'embraſſer un autre genre de
vie, font tout ce qu'ils peuvent pour
foutenir le crédit du Parti dans lequel
ils font engagez. Dans l'Univerſité
d'*Oxfort*, pour pouvoir être reçu Docteur en Théologie, il faut avoir fait
pour le moins dix-huit ans de féjour
dans l'Univerſité. Ceux qui, par trop
de vivacité, ne fe font pas rebutez de
ce long féjour, pour prendre quelque
autre parti, ou qui n'ont pas eu l'efprit de fe faire des établiſſemens, &
de fe rendre utiles au Public, reſtent
fur la fondation des Collèges, & fiers
de leur perfeverance, exigent des ref-
pects ridicules des Etudians.

XXV.

Si les anciens *Grecs* ou *Romains*
étoient plutot en état d'être utiles à
leur Patrie, & de faire de belles actions, que ne font les Hommes d'à
préfent; ne pouroit-on point l'attri-
buer à leur éducation, & à ce que
E 4   les

les premiers n'avoient point d'Aumo-
niers, & étoient élevez par des Philosophes sans caractère public, desin-
teressez, & qui ne cherchoient que le
bien de leurs Eleves; pendant que
toute l'éducation des derniers est entre les mains du Clergé qui tâche
de tourner tout à son propre avantage?

XXVI.

IL arrive souvent que des Gens de
lettres sans fortune, sans pensions &
sans caractère public, ne trouvant
point d'autres moyens de se faire
connoitre, qu'en publiant leurs ouvrages, travaillent avec plus de succès à
l'avancement des Sciences, qu'ils n'auroient fait, s'ils avoient joui de gros-
ses pensions. Ils ont même ceci de
commun avec la plupart de ceux qui
postulent des Emplois, qu'ils ont besoin du Public, avant que le Public
ait besoin d'eux. En quoi ils méri-
tent plus d'indulgence de la part des
Critiques, que ceux dont la fortune
étant toute faite, publient des Ou-
vra-

vrages qui ne renferment rien de nouveau.

XXVII.

UN Jeune homme qui, pendant un
long féjour dans l'Univerfité, a fe-
condé les foins de fes Profeffeurs, fe
trouve quelquefois fi dépaïfé à fon entrée dans le Monde, qu'on diroit qu'il
a été élevé dans une caverne, ou
que l'Etude lui a ôté le fens commun. *

XXVIII.

RIEN ne contribue plus à rendre
les Gens de lettres ridicules aux yeux
du Commun, que l'ignorance de plufieurs d'entre eux fur l'économie, &
fur les moyens ordinaires d'acquerir &
de

---

* *Ingenium fibi quod vacuas defumpfit Athe-*
nas,
Et ftudiis annos feptem dedit infenuitque
Libris & curis, ftatuâ taciturnius exit,
Plerumque, & rifu populum quatit.
Hor. lib. 2. ep. 2.

E 5

de conferver les chofes néceffaires à la vie. L'on n'eft redevable aux Univerfitez d'aucune invention utile à la vie. *

XXIX.

LES Anciens avoient dans l'Etude cet avantage fur les Modernes, qu'ils employoient moins de tems à apprendre les langues. L'étude de la Scholaftique, de la Théologie & des Controverfes n'ocupoit pas la plus grande partie de leurs Gens de lettres, ils lifoient moins & méditoient davantage.

XXX.

LES Siftèmes qui fixent les idées favorifent la pareffe des Maitres & des Difciples, & font contraires à la recherche de la Vérité.

XXXI.

LE grand nombre d'Efprits bornez
qui

* Voyez la note ci deffus pag. 65.

qui, étant engagez dans le parti des
Etudes, fans en comprendre le véri-
table ufage, s'appliquent à répeter ce
qui a été dit par d'habiles gens, con-
fervera toujours l'ufage qui regne dans
les Ecoles, de faire plus de cas de
ceux qui favent par cœur les définitions des lieux communs, & brillent
par là dans les examens, que de ceux
qui étudient par raifonnement.

XXXII.

S'il eft vrai que la méthode des
définitions a nui à la recherche de
la Vérité, & que les jeunes gens ne
brillent dans les examens Academi-
ques, qu'autant qu'ils favent par cœur
un grand nombre de définitions; l'on
en peut couclure que la préparation à
un examen n'a rien de commun avec
la recherche de la Vérité.

XXXIII.

S'il eft vrai en Théologie, que les
Siftèmes ont fait négliger l'étude de
l'Ecriture Sainte, l'on peut dire que
le

le défir immoderé de faire des Siftèmes a produit deux effets pernicieux
dans la Phifique; favoir de tordre &
de déguifer les faits, pour les ajufter
aux Siftèmes, & de faire négliger les
experiences.

XXXIV.

S'il eft vrai en Phifique, que l'on
n'a fait des progrès, que loisque l'on
a abandonné la méthode des définitions pour s'attacher aux defcriptions,
l'on trouvera peutêtre que cela n'eft
pas moins vrai dans les Sciences dont
les idées font abftraites, comme la
Logique, la Métaphifique & la Morale, & peutêtre la Théologie : Qu'il
faut éviter les définitions des idées
abftraites, pour s'attacher à la defcription des fujets auxquels l'on applique ces idées; & qu'il vaut mieux
faire la defcription d'un Homme, que
de définir le Genre humain.

XXXV.

Un Roi d'*Efpagne*, ayant voulu
fa-

savoir la cause de la décadence des Manufactures dans ses Etats, apprit que cela venoit en partie du grand nombre d'Ecoles de *Latin*, qui étoient à la Campagne. Un Païsan qui sait lire dédaigne de garder le bétail. Trop de lumières dans les Habitans de la Campagne nuit à la culture des terres, & leur ôte la docilité nécessaire pour faire de bons Sujets.

XXXVI.

Si tous les Hommes étoient également éclairez & instruits de leurs droits, ils seroient aussi tous indociles, & peu propres au service & aux occupations méchaniques. Ce qui fait voir l'erreur de ceux qui dans de certains Païs ont voulu rendre les Etudes faciles à toute sorte de gens.

XXXVII.

S'IL n'est pas nécessaire que tous les Hommes soient également éclairez, leur fortune devroit regler la proportion de leurs lumières; & les grandes
Villes

Villes, où plusieurs vivent de leurs rentes, devroient être les mieux fournies de Maitres pour toutes les Sciences.

XXXVIII.

L'ON doit travailler avec autant de soin à reprimer la curiosité de ceux que l'on destine à gagner leur vie par leur travail, pour ne les appliquer qu'à une seule chose, qu'à exciter celle de ceux qui doivent vivre de leurs rentes à se faire une idée juste de tout.

XXXIX.

PUISQUE les richesses ne sauroient prolonger la vie, ni préserver la santé; c'est se rendre indigne de les posseder, que de les faire servir au luxe & aux plaisirs sensuels, plutot qu'à favoriser les Sciences & les beaux Arts.

XL.

RIEN n'est plus propre à entretenir une espèce de proportion de lumiè-

miéres avec la fortune, que de sup-
primer tous ces honnêtes Hôpitaux, où
l'on entretient de pauvres Ecoliers, &
qui ont été fondez dans des tems où
la Méthode des Etudes devoit être
toute differente de ce qu'elle doit
être aujourdhui.

XLI.

S'il n'eft pas néceffaire que tous
les Hommes foient favans, ils ont pourtant tous droit de l'être; & l'on ne
fauroit fans injuftice les empêcher de
s'inftruire, comme cela fe pratique
dans les lieux où le Clergé, ayant le
Privilège exclufif d'enleigner, ne
veut ni le faire, ni le laiffer faire.

XLII.

Depuis que les livres font devenus
communs, l'on ne fauroit fe réfoudre
à lire deux fois le même livre; ce qui
a fait tomber dans le décri les Abre-
gez fur lefquels l'on paffe légèrement
& fans réflexion, tandis que l'efprit
reti-

tetient les chofes qui lui font préfen-
tées en détail.

XLIII.

L A méthode de traiter les Sciences
par Aphorifmes, difpenfe de la fujet-
tion de chercher des tranfitions naturelles, qui fait fouvent dire des chofes inutiles, rend plus fupportables les
fautes d'omiffions & les hors - d'œu-
vres : Elle plait d'avantage aux Gens
d'efprit auxquels il convient principalement d'étudier, & eft conforme à la
plus ancienne manière de traiter les
Sciences, lorfque la Dialectique n'a-
voit pas encore appris à traiter les matières par chapitres, & à déduire des
conféquences. *

XLIV.

QUELQU'UN a dit que la Gravi-
té

* Nondum enim illa differendi ratio obtinebat :
Sed paucis verbis placita fua & rotundis complexi,
ea vulgo commendabant tanquam religiofa quidam myfteria. Quintil. lib. 3. cap. 11.

té étoit un miltère du Corps, pour cacher les défauts de l'Efprit. Les allegories & autres fictions que les Alchimiltes employent, dont les anciens Docteurs fe fervoient dans les fiècles d'ignorance, & qui font encore en ufage chez les Peuples barbares, ne font que des méthodes de faire valoir peu de chofe. * Cette méthode s'elt décreditée, à mefure que les connoiffances fe font accrues, & que les Peuples fe font policez. Les véritables Savans font les moins refervez, & les plus communicatifs.

XLV.

LE Négoce, demandant une attention continuelle, occupe toute la capacité de l'efprit du Négociant ; & les Etudes font incompatibles avec le Négoce. L'on ne doit infpirer à ceux qu'on y deltine que l'amour du gain,
&

* *Clarus ob obfcuram linguam magis inter inanes. Omnia enim ftolidi magis admirantur amantque inverfis que fub verbis latitantia cernunt.* Lucret.

F

& les retirer de bonne heure de l'E-
tude.

XLVI.

Les professions méchaniques n'oc-
cupent pas si fort l'esprit des Artifans, qu'ils ne puissent quelquefois se
faire un amusement de l'Etude. Il n'y
a point de mal de donner quelque
teinture d'Etude à ceux que l'on y
destine.

XLVII.

La plupart des Ecclesiastiques de
la Campagne, n'ayant aucun gout
pour l'Etude, & les fonctions de leurs
Charges, leur laissant assez de loisir
pour s'ennuyer, ou pour s'occuper à
des choses peu convenables à leur
état ; j'en ai vu plusieurs qui avoient
regret de n'avoir pas appris quelque Art méchanique dans leur jeunesse.

XLVIII. La

XLVIII.

LA mauvaise éducation des Enfans des Ecclesiastiques de la Campagne est une objection contre le mariage du Clergé, qui tomberoit, si, au lieu de choisir toujours des Gens de lettres pour remplir ces postes, l'on choisisoit quelquefois des Gens de métier, qui élevassent leurs Enfans au travail. *

XLIX.

SI à l'exemple des *Orientaux*, chacun † étoit obligé d'apprendre un Métier, & chaque Femme à nourir ses propres Enfans, le jeu causeroit moins de

* Sous le Regne de la Reine *Elisabeth*, l'on permit en *Angleterre* aux Ecclesiastiques, dont les Benefices étoient moindres que douze livres sterling, de professer les Arts méchaniques. *Bibl. Angl. Tom. XIII. pag.* 315.

† Un Concile d'*Angleterre* ordonne aux Prêtres d'apprendre des Métiers. *Hist. de Rapin, Tom.* 1. *pag.* 377.

de defordre; & l'on verroit moins de
ces Efprits bornez, lefquels, n'ayant
pas appris à s'occuper, & ne fachant
pas réflechir & ufer du repos, fe mê-
lent de ce qu'ils n'entendent pas, &
par leur grand nombre & leur crédit, font fouvent prévaloir le mauvais
Parti.

L.

D A N S l'état préfent des chofes, les
Ouvriers font trop occupez à pourvoir
aux befoins de la vie; ils ne s'avifent
guères de faire des livres, ou même
d'inventer quelque chofe de nouveau.
Ce font pour la plupart des efpèces
d'Automates, montez pour une certaine fuite de mouvemens. Mais, fi
chacun étoit obligé d'apprendre un
Métier, l'on verroit fouvent des Gens
riches travailler à l'Hiftoire des Arts
& Métiers, qui eft le genre de livres
dont on a le plus de befoin.

L I.

LES Véritez les plus certaines fe trouvent

vent dans les Arts méchaniques. Ceux qui ont tâché de faire voir l'incertitude de nos connoiſſances n'ont jamais conteſté à un Orſevre, que le borax aidoit à la fuſion des métaux, ou à un Teinturier, que la cochenille teignoit en écarlate.

LII.

Les inſtrumens de muſique conſument beaucoup de tems, & pour ceux d'un état médiocre, ils ſont ſouvent une occaſion de diſſipation & de débauche. Pluſieurs Garçons de boutique ont ruiné leur fortune, en jouant du violon.

LIII.

L'on a donné des regles pour faire voir les défauts d'un tableau ou d'un Poëme, & pour juger de leur bonté. Que, ſi l'on n'en a pas fait autant de la Muſique, * ne ſeroit-ce point

* *Voyez* Hiſtoire de la Muſique, de ſes eſſets, & en quoi conſiſte ſa beauté.

point, parcequ'une bonne Musique
est celle qui cause le plus de plaisir &
qu'il n'est pas plus raisonnable d'ap-
peller une oreille savante, qu'un palais savant?

LIV.

U N Homme qui, n'ayant jamais
mangé que des choses les plus simples, & les plus communes, & ne
sait pas distinguer les mets les plus
exquis des plus communs, n'a point
de gout. Celui au contraire, qui, à
force de ne manger que des ragouts,
s'est rendu incapable de gouter les
viandes les plus simples, a le gout gâ-
té. Ne pourions-nous pas dire la
même chose de ceux qui, s'applau-
dissant d'avoir une oreille savante, ne
peuvent plus souffrir une musique
simple.

LV.

P u i s q u e le plaisir de la Musique
est de la nature des autres sensations
sur lesquelles il ne faut pas disputer,

n'es-

n'esperons pas que l'on termine jamais
les differens qui regnent entre les Par-
tifans de la Mufique compofée & de
la fimple. Les Gens du métier feront
toujours pour la compofée. Maitres
qu'ils font du Chœur, ils n'en produiront jamais d'autre, & la plupart
des Auditeurs lui préféreront toujours
la fimple, & n'applaudiront à la compofée, que par complaifance, & pour
ne pas paffer pour Gens de mauvais
gout. Il n'en eft pas de même des
chofes dont le bon fens doit décider,
comme du mérite d'un Poëme, ou
d'une Pièce d'éloquence.

LVI.

Si la Mufique n'étoit pas une
Science de gout, quelle apparence
que dans un fiècle auffi éclairé, les
Muficiens fuffent les feuls Artiftes incapables de rendre raifon de ce qu'ils
pratiquent tous les jours?

LVII.

De tout tems les Philofophes & les
F 4   Ma-

Mathematiciens ont tenté d'ériger la Mufique en Science, * c'eft à-dire, de réunir fous un principe géneral & fécond, la variété de ce que l'Art préfente à notre oreille; mais ils n'y ont pas encore réuffi.

LVIII.

L e s connoiffances les plus utiles pour ceux à qui l'on veut donner quelque éducation, fans avoir en vue une profeffion particulière, après la Religion, la lecture & l'écriture, doivent être quelques principes de Grammaire, de Réthorique & de Poëtique, pour écrire & parler correctement & bien juger des Ouvrages d'efprit, la connoiffance des principales maximes ou regles du Droit, quelque connoiffance du Droit coutumier de fon Païs, l'Hiftoire, qui comprend la Morale & la Politique, † la Géographie l'A-

* Traité de l'Harmonie réduite à fes principes, par Mr. *Rameau*, à Paris 1722.

† *Cui Hiftoriæ fi aufim me hercule, non invitus uni contulero quidquid emeretur laudum univerfus artium Orbis.* Melanchton de corrigendis ftudiis.

l'Arithmetique & le Deſſein qui procure une connoiſſance générale des
Arts Méchaniques.

LIX.

Peutetre n'en ſeroit-ce que mieux,
ſi, ſans tant s'inquiéter de ce que font
les Princes, l'on laiſſoit faire ce qu'on
ne ſauroit empêcher. Cependant dans
les lieux où les nouvelles publiques
font le principal ſujet des converſations
des Honnêtes gens, l'on ne ſauroit
accoutumer trop tôt les jeunes Gens
à lire la Gazette.

LX.

Un Homme qui ſouhaite, que la pe-
tite collection de livres que ſa fortune
lui permet de faire ſoit utile à un
Héritier dont il ne prévoit pas les occupations, doit ſe borner aux Dictionaires, * aux Hiſtoriens, aux voyages
&

* Pour cet effet il ſeroit bon que, comme
l'on a *Bibliotheca Bibliothecarum*, l'on eût
auſſi *Dictionarium Dictionariorum*.

F 5

& aux Auteurs claffiques, comme peu
fujets aux changemens des modes &
des fiftèmes.

LXI.

DIEU, qui a voulu que les Hommes
fuffent foumis à un Gouvernement civil, a auffi voulu que les talens néceffaires pour gouverner fuffent communs
& faciles à rencontrer parmi ceux
mêmes qu'il faut gouverner. Ordinairement les Gens d'efprit donnent
plus dans la bagatelle que les autres.

LXII.

LES plus grands Génies fe préviennent aifément, & font les plus grandes fautes ; ils font moins propres pour
gouverner les Etats, que les Génies mé-
diocres, qui font plus moderez & plus
uniformes dans leur conduite. Mais,
pour réuffir dans les Sciences, il faut
y appliquer les Génies les plus péne-
trans, & entre autres ceux qui ont
quelque penchant à la mélancholie.

LXIII.

LXIII.

IL arrive fouvent parmi les Gens de métier, que, lorfqu'un jeune Garçon fait paroître de mauvaifes inclinations, l'on évite d'en faire un Serrurier, de peur qu'il ne foit tenté de faire un mauvais ufage d'un Métier qui eft un des plus fertiles en inventions. Il feroit à fouhaiter que l'on pût prendre les mêmes mefures pour ceux que l'on applique aux Etudes. L'Ambition & l'Avarice des Gens de lettres ont caufé de tout tems des maux infinis. Quelqu'un a dit que la Science étoit un Sceptre dans la main d'un Sage, une marotte dans celle d'un Fou, & une épée dans celle d'un Furieux.

LXIV.

DANS le parti des lettres, l'Eloquence a toujours l'avantage fur l'Erudition, & la connoiffance des langues fur la Philofophie.

LXV.

LXV.

Le parti de la Philosophie est le plus disgracié de tous les Etats. Non seulement pendant cette vie ils sont privez des biens temporels, & négligez de tout le monde, comme sont tous les Malheureux ; mais encore les prétendus Economes des biens éternels les placent le plus souvent, après leur mort, dans un état de tourment qui ne finira jamais.

LXVI.

L'Homme est fait pour l'action, les exercices du corps le fortifient ; mais le raisonnement lui est si peu naturel, que la plupart de ceux, qui s'appliquent à la recherche de la Vérité & à la méditation, deviennent d'une santé délicate, plaisent à peu de personnes ; &, s'i's sont Ecclesiastiques, ils sont suspects à leurs Confrères, & ne s'avancent que difficilement : Pendant que ceux qui dans leurs Etudes ne font usage que de leur mémoire, & qui n'ont n'ont aucuns doutes fur les doctrines reçues, ont de la fanté, & parviennent aifément.

LXVII.

Sı chacun fe doit mettre en état de rendre compte de fes ocupations à l'heure de la mort, le Philofophe poura dire qu'il a travaillé à entretenir la diftinction qui doit regner entre la Vérité & l'Erreur, que les paffions & les interêts particuliers de prefque tous les états de la vie s'efforcent continuellement de confondre : Ce qui fait que, s'il lui arrive quelquefois d'être protegé des Grands, le Peuple le regarde toujours comme un Homme inutile, qui ne mérite aucune faveur. Quelqu'un ayant propofé dans un Confeil de Ville de recevoir un Philofophe dans le Corps de la Bourgeoifie pour un prix modique, un des principaux s'y oppofa en difant, qu'avons-nous que faire de cet Homme là ?

LXVIII.

LXVIII.

UN nouveau Poëme, ou une Pièce d'éloquence, font toujours plus de bruit & donnent plus de réputation à leurs Auditeurs, qu'une nouvelle découverte dans les Arts & dans les Sciences.

LXIX.

RIEN ne flatte davantage la vanité des Gens de lettres, & ne les dédommage plus de la Pauvreté, que quelque trouvaille d'Antiquité, & en général que les connoissances que procure la Critique qui est l'art d'entendre l'Antiquité; de corriger les fautes des Copistes, & de distinguer les véritables Ouvrages d'un Auteur d'avec les supposez. Un habile Critique ayant par hazard jetté les yeux sur le Commentaire philosophique de Mr. *Bayle*, le rejetta avec dédain en disant, Ce n'est qu'un livre de raisonnement. *Non fic itur ad astra.* Un Savant disoit

soit qu'il aimoit mieux parler *Latin* comme *Ciceron*, que d'être Pape.

LXX.

L'on voit tous les jours des Profeſſeurs en Théologie & en Philoſophie ſe dégouter de leur profeſſion, mais les Belles lettres renferment un fonds inepuiſable d'amuſemens. Ce qui leur doit faire donner la préference dans l'eſprit de ceux qui n'étudient, que pour avoir une reſſource, dans les heures de loiſir, & dans le déclin de l'âge *

LXXI.

Un ſeul Homme ne peut pas penſer à tout. Il a beau avoir un génie original, grand & ſublime, ſes compoſitions ſeront toujours foibles, s'il

---

* *Hæc ſtudia adoleſcentiam alunt, ſeneĉlutem oblectant, ſecundas res ornant, adverſis ſolatium & perfugium præbent. Delectant domi, non impediunt foris, pernoĉtant nobiſcum, peregrinantur, ruſticantur.* Cicero pro Arch. poeta.

s'il ne lit avec foin ce que les Anciens & les Modernes ont écrit fur
le fujet qu'il veut traiter.

LXXII.

Un Homme qui eft obligé de travailler à faire fa fortune ne doit pas
tant s'appliquer à acquerir un petit
nombre de talens rares & excellens,
auxquels peu de Connoiffeurs rendent juftice, qu'un plus grand nombre de communs, & dont la plupart
des Hommes font cas.

LXXIII.

Le parti des Armes ne convient
qu'aux grands Seigneurs, & à ceux
qui n'ont rien à perdre. La plupart
de ceux qui n'ont qu'un petit patri-
moine s'y ruinent.

LXXIV.

Dans le choix d'une profeffion
qui donne dequoi fubfifter, les jeunes
Gens fe doivent toujours défier de celles

les qui divertiſſent, comme ſont la Peinture, la Poëſie, la Muſique, la Philoſophie & en particulier les Mathematiques. *

LXXV.

S'IL faut ſavoir un peu de *Grec* pour entendre & ſavoir bien appliquer la plupart des termes des Sciences, l'on peut dire que quelque Etude de la Rhétorique, de la Logique & de la Métaphiſique, procure une certaine précifion de langage, qui fait un des principaux caractères d'une bonne éducation †

LXXVI.

IL ne ſe fait plus rien de nouveau. Il n'y a point de Science à laquelle l'on puiſſe mieux appliquer cette Senten-

* *Amor ingenii neminem unquam, divitem fecit. Petronius.*
† *Hæc à limine ſalutanda, in hoc unum ne nobis verba dentur, & aliquid in hoc eſſe magni & ſecreti boni judicemus. Seneca Ep. 49.*

tence du Sage, qu'à la Logique. Les Logiciens ont épuisé la matière. Pour celui qui en veut parler, le tout est de bien choisir. *

LXXVII.

DANS les autres Sciences, comme sont la Phisique & la Morale si l'on bâtit sur un faux principe, l'on est quelquefois redressé par l'experience ; mais, quand on a une fois posé un faux principe en Métaphisique, & en Théologie, l'on ne se corrige guères. C'est pour cela que les livres de Morale ont si peu d'influence sur la conduite des Hommes, ils vont toujours leur train. Mais les plus petites variations en matière de Religion, peuvent causer des Schismes dans l'Eglise, & des révolutions dans l'Etat.

* Si omnia à veteribus inventa sunt, hoc semper novum erit usus & inventorum ab aliis scientia & dispositio. Seneca.

LXXVIII.

LXXVIII.

JAMAIS l'Erreur, la Superstition, l'entêtement pour les faux miracles, les sortilèges, les effets de la Magie, de la Simpatie & de l'Astrologie judiciaire, n'ont été si communs parmi les Gens de lettres, que lorsqu'ils ont cultivé avec plus de soin cette partie de la Logique, qui enseigne à bien tirer une conséquence, & à ne se pas laisser surprendre par un faux raisonnement.

LXXIX.

LES Ecclesiastiques, ayant été pendant plusieurs siécles les seuls dépositaires de la Science, & n'ayant eu aucun doute sur leurs dogmes, n'ont pas pensé à envisager la Logique, comme l'Art de découvrir la Vérité, & de la faire connoitre aux autres; mais seulement, comme l'Art d'attaquer & de défendre facilement toute sorte de propositions.

G 2   LXXX.

LXXX.

LA Morale a sans doute ses démonstrations, qui ne font pas moins convaincantes, que celles des Mathematiques; mais ç'a été jufques ici inutilement, que l'on a tenté de montrer le poids & le nombre des circonstances néceffaires, pour former une démonstration de ce genre. *

LXXXI.

AU renouvellement de la Philofophie, les grands fecours que *Gallilée*, *Keple*, *Defcartes* & autres avoient tiré de la Géometrie, pour perfectionner la Phifique, firent croire à bien des gens que l'Etude de la Géometrie rendoit l'Efprit jufte & capable de bien raifonner fur tout; mais les travers dans lefquels l'on a vu donner quel-

* *Voyez* Abregé des Tranf. Philofop. de Lowthrop, Tom. 3, pag. 662, troifieme Edit. Mrs. Bernouilli ont aufli voulu appliquer le Calcul à l'Art de conjecturer.

quelques Mathematiciens, fur des matières qui n'avoient pas la quantité pour objet, ont bien fait voir le contraire. Il n'y a pas de gens plus diſtraits, & moins capables de s'appliquer aux affaires de la vie civile, que les Poëtes & les Géometres.

LXXXII.

DEPUIS le rétabliſſement de la Philoſophie & des Mathematiques, rien n'eſt plus beau, que ce qu'on a dit fur l'importance de l'Analiſe. Il feroit pourtant à fouhaiter que, pour bien faire fentir l'excellence de cette Méthode, l'on eût fait voir que la plupart des inſtrumens & des machines utiles aux Arts, font une production de cette Méthode, & n'ont pas été premièrement inventez par les Ouvriers, & enfuite démontrez par les Géometres.

LXXXIII.

LES fruits que l'on retire de l'Algebre ne font pas d'un ufage affez gé-

ne-

neral, pour faire entrer cette Science dans le cours ordinaire des Etudes.
En cela, comme en bien d'autres choses, il eſt bon de ſe conformer à la
Mode ſans pourtant oublier que les
parties les plus ſublimes des Sciences
ſont toujours les moyens utiles.

LXXXIV.

· Si l'Hiſtoire des faits eſt beaucoup
plus propre à rendre les Hommes ſages,
que les préceptes de Morale, * l'on
peut bien auſſi aſſurer que l'Hiſtoire
des inventions & de leurs progrès &
le commerce des Etrangers, eſt plus
propre à faire naitre de nouvelles
idées, que l'Etude des regles de l'A-
naliſe.

LXXXV.

Il eſt ſurprenant que les inventions
les plus utiles, comme ſont la Bouſ-
ſole, l'Imprimerie, la Poudre à canon,

* Hiſtoria vitæ Magiſtra. Cicero.

non, la Chimie, l'Eau de vie, l'Horlogerie, les Moulins à eau & à vent; la Terre vernie, la Peinture en huile, * le Papier, les Cloches, les Orgues, † les Poſtes, Glaces de miroirs, les Vitres, les Verres de lunettes, l'Art de noter la Muſique & de chanter à pluſieurs parties & autres, ayent été trouvez dans les tems où les Sciences, comme la Phiſique, la Mathematique, l'Analité, l'Eloquence, la Poëſie, & les Belles lettres étoient preſque inconnues.

LXXXVI.

BIEN des gens ſont prévenus contre la Morale, parcequ'on a voulu la leur enſeigner dans un âge, où l'on n'eſt ſenſible qu'aux faits; les maximes de Morale ne font point d'impreſſion ſur l'Eſprit, lorſque l'on ne les ſent pas appuyées de l'experience.

La

---

* Par Jean de Bruges, l'an 1450.
† Environ l'an 1290. *Biblioth. Angl.* tom. 5.

La Morale doit être la dernière Etude des Jeunes gens.

LXXXVII.

COMME il n'y a point de Science qui suppose moins de principes d'experience, que la Géometrie, il semble aussi que l'étude de la Géometrie, qui est le fondement de plusieurs Arts nécessaires à la vie, devroit préceder celle de toutes les autres Sciences.

LXXXVIII.

LA Phisique est nécessaire aux Grands Seigneurs, pour se garder contre deux fortes de Gens auxquels ils font continuellement en bute, savoir les Empiriques & les Chimistes.

LXXXIX.

LA méthode qui s'observe par tout de faire apprendre par cœur, & de fai-

re

re copier, eſt commode pour les Maî-
tres, & ſouvent de peu d'uſage aux
Diſciples.

XC.

C'est auſſi pour ſe ſoulager, que
pluſieurs Maitres font lire les Poëtes
préférablement aux Hiſtoriens; quoique ces derniers ſoient beaucoup plus
propres à former le jugement des Jeunes gens.

XCI.

Puisque l'on ne ſe propoſe
dans l'Etude des langues mortes,
que d'entendre les livres qui ſont é-
crits dans ces langues, à quoi bon fa-
tiguer ceux qu'on y applique par l'E-
tude des accens, de la prononciation des lettres, & de la quantité
des ſillabes?

XCII.

Je ſuis ſurpris qu'on n'ait pas encore

re pensé à faire imprimer la Bible *Hébraïque* & le Testament *Grec* en caractères vulgaires, afin que les non-lettrez puissent comparer, phrases après phrases, les versions avec les originaux.

XCIII.

L'ON pouroit encore avoir de petits Dictionaires *Hébreux* & *François*, & *Grecs* & *François*, en caractères vulgaires, où seroient tous les tems des Verbes & les cas des Noms un peu irréguliers ; renvoyant aux Dictionaires que l'on a déja pour les racines les étimologies & les dialectes.

XCIV.

DANS les établissemens publics pour enseigner la Jeunesse, l'on a presque par tout introduit l'usage d'occuper beaucoup les Jeunes gens pendant certains jours, & de les laisser tout à fait oisifs pendant plusieurs autres ; ce qui re-

retarde beaucoup plus leurs Etudes, que s'ils obfervoient fcrupuleufement la maxime de ne laiffer paffer aucun jour, fans faire quelque chofe.

XCV.

CEUX qui propofent des voies fingulières & abregées d'enfeigner, font comme les Empiriques qui ont quelquefois de bons remèdes, mais dont il faut fe défier. Les maux que caufent ces méthodes fingulières font irreparables. Le plus fur eft de s'en tenir aux inftructions publiques, quoique fouvent défectueufes, & fujets à bien des inconveniens.

XCVI.

LE Métier d'enfeigner les Enfans glace l'imagination, émouffe & affoiblit toutes les qualitez néceffaires pour faire un Orateur. C'eft le tombeau de la Prédication.

XCVII.

XCVII.

SOUVENT ceux qui enſeignent, vou-
lant concilier les avis de diverſes perſonnes de conſidération, ſans pourtant
abandonner leurs vues particulières,
font lire pluſieurs Auteurs à la fois.
D'où il arrive que les Jeunes gens,
n'ayant aucune idée d'un Ouvrage
dont ils ne liſent que peu à la fois,
n'y prennent aucun gout.

XCVIII.

COMME la trop grande application à l'Etude émouſſe les facultez de
l'Eſprit, il arrive auſſi quelquefois
qu'une éducation trop ſoigneuſe, &
trop méthodique, ôte aux Enfans une
certaine vigueur. *

XCIX.

* Eſt illud ſæculi noſtri Cacoethes; glorian-
tur paventes, ſi videamus præſtare poſſe pueru-
los cruda adhuc ætate, quod non poſſunt alii
annis aliquot majores: ideoque atteri patimur
ingenia & ſpirituum fontes exſiccari per pædago-
gos, ac affligi rationales potentias: quæ ubi ado-
leverint illi, marcent & ſtupent attritâ ad per-
petuarum lectionum cotem ingenii acie. Gaſpari
Barſæi Methodus Studiorum.

XCIX.

C'est aussi un excès de méthode
qui a produit la Scholastique, je
veux dire cet amas prodigieux de définitions & de distinctions subtiles,
pour lesquelles il a fallu inventer
un nouveau langage, & dont l'E-
tude longue & desagreable est si
differente de la manière de traiter les choses parmi les Gens du
Monde.

C.

Les connoissances que l'on ac-
quiert dans les voyages, dans le séjour des grandes Villes, dans les Ports
de mer, & dans la fréquentation des
Etrangers, sont d'autant plus agréables à soi-même & aux autres, quelles entrent naturellement dans la conversation, & sont dégagées d'un certain air de méthode, dont elles sont
presque toujours revêtues dans les livres. Ce qui dans le choix des Maî-
tres

tres doit faire rechercher ceux qui
ont voyagé. *

CI.

SI les Gens de lettres ne cherchoient
pas plutot dans le commerce du
Monde à briller qu'à s'instruire, quelques - uns pouroient faire la meilleure
partie de leurs études à peu de frais.
Ils n'auroient qu'à faire parler cha-
qu'un de son Métier, & écrire tout
aussi-tot ce dont ils voudroient se sou-
venir. Le Cardinal *Polus* disoit, *Cir-*
culus & calamus me fecere doctum.

CII.

L'ON envoye ordinairement voya-
ger un Jeune homme, pour vaquer
à quelque affaire particulière, pour
chercher un établissement, pour apprendre à vivre dans le Monde, ou
pour se perfectionner dans sa profession

---

* *Qui mores hominum multorum vidit &*
urbes.

fion; auquel cas il doit fe borner à ne voir que ceux de fon état. L'Homme de qualité ne doit voir que des Gens de qualité, & quelquefois des habiles gens dans les Sciences & dans les Arts. Un Bourgeois ne doit fréquenter que des Bourgeois, & un Jurifconfulte que des Avocats. Ceux qui fréquentent des gens d'une autre profeffion, que la leur, ne les voyent que dans les occafions de plaifir, & ne remportent de ce Commerce, que ce qu'il y a de mauvais.

CIII.

CHACUN devant principalement fe propofer dans les voyages de favoir vivre, & de fe perfectionner dans fa profeffion; il n'y a point de gens qui voyagent mieux à ces deux égards que les Artifans. Un jeune Artifan, avec fon induftrie pour tout crédit, qui employe quelques années à parcourir plufieurs atteliers, en voyant les diverfes méthodes de travailler, eft continuellement attentif à attirer la

fa-

faveur de tous ceux qu'il rencon-
tre, c'est-à-dire, apprend à vivre,
qui est la plus utile de toutes les Sciences. *

CIV.

Un Homme judicieux qui a longtems voyagé est beaucoup plus Philosophe, qu'un Génie médiocre qui a
étudié toute sa vie la Philosophie.
Le premier est un Homme guéri de
la plupart des préjugez de l'éducation, qui admire peu, § qui regarde
avec indifference les diverses mœurs,
loix, forme de Gouvernement, les
modes, les coutumes, les bienséan-
ces, les cérémonies & superstitions de
chaque lieu; peu sensible à la bi-
zarrerie des jugemens, & qui sait
s'accommoder aux choses & aux
personnes.

* *Proprium hoc esse prudentiæ conciliare sibi*
animos hominum, & ad usus suos adjungere.
Cicero.

§ *Nil admirari propè res est una Numici*
solaque quæ possit facere & servare beatum.
Hor.

CV.

CV.

IL faut exhorter les jeunes gens a lire avec choix; mais c'est à eux seuls à qui il faut laisser le soin de choisir. Bien de Jeunes gens ont été rebutez des Etudes, parcequ'on les vouloit obliger à étudier méthodiquement; & au contraire on a vu un Garçon épicier devenir Habile homme, en lisant les maculatures dont il envelopoit ses marchandises.

CVI.

L'ON a dit que rien n'étoit plus propre, pour rendre un Jeune homme bon ménager, que de l'obliger à tenir un compte exact de sa dépense. L'on peut dire aussi que rien n'est plus propre à le détourner de lire à l'avanture toute sorte de livres, que de l'obliger à faire des extraits de ses lectures.

H CVII.

CVII.

C'EST en vain qu'un Homme join-
dra a de beaux talens naturels une
grande lecture ; s'il ne lit pas la
plume à la main, il ne saura jamais
rien qu'imparfaitement.

CVIII.

CEUX qui étudient uniquement, pour
se procurer un établissement, sont
obligez de se prescrire certaines regles. Ils ont leurs heures d'études,
leurs heures de récréation, & un
certain ordre dans leurs lectures. Mais
chez ceux qui étudient par inclination, ces choses se confondent. Souvent la conversation est une étude, &
la lecture un amusement ; ils tirent
parti de tout.

CIX.

DANS quelques Républiques, où
tous les emplois se donnent à la naif-
san-

sance, tous ceux de certaines familles devant s'appliquer à l'Etude, les livres qui traitent des Sciences y doivent être diffus, & à la portée de toute sorte de Gens.

CX.

C'EST parceque dans les Républiques les Emplois ne se donnent ordinairement, qu'à ceux de certaines familles, que dans quelques lieux où les Artisans font une partie considerable de l'Etat, l'on trouve aisément des fonds pour l'entretien de plusieurs Professeurs, & l'on n'a pas de quoi entretenir un Maître de dessein.

CXI.

DANS les Monarchies, où les Emplois se donnent par le choix du Prince, sans égard à la naissance, chacun pouvant plus aisément suivre son penchant dans le choix de ses occupations, & les fortunes rapides y étant plus fréquentes que dans les Ré-

pu-

publiques, le luxe y regne aussi davantage ; & les Arts & les Sciences y peuvent être poussez à une plus grande perfection.

CXII.

DANS une Monarchie, en ménageant le Prince & ses Favoris, l'on peut, sans danger, censurer à outrance les Vices regnans. Mais dans une République, un Prédicateur qui a une belle imagination doit adopter ce principe, savoir que chaque terme de la Sainte Ecriture signifie tout ce qu'il peut signifier. Avec ce principe il poura, sans courir aucun risque, varier à l'infini ses sermons. Il convient aux Prédicateurs d'être litteraires dans les Monarchies, & *Cocceyens* dans les Républiques.

CXIII.

LA pratique de la generalité des *Chrétiens* de toutes les Sectes faisant des présages une Science réelle,

il

il eſt ſurprenant que l'on ne trouve nulle part des Profeſſeurs d'une Science, d'un uſage ſi univerſel, pour enſeigner à connoître les préſages, & à diſtinguer les bons & les mauvais. *

CXIV.

COMME dans les Républiques il y a ſouvent des Génies du premier ordre qui, par une certaine fatalité, n'ayant aucun emploi, voudroient voir tout l'Etat en combuſtion, pour profiter de ſes miſères, il y a auſſi quelquefois dans la République des lettres des Savans du premier rang, qui, n'ayant pour tout gagne-pain que leur plume, ſe plaiſent à répandre la confuſion & l'incertitude dans toutes les Sciences. Ceux qui s'attribuent une autorité infaillible, font bien

* Les premiers Empereurs *Chrêtiens* permettoient, & même ordonnoient dans de certains cas, de conſulter les Haruſpices. Bibliotheque anc. & mod. Tom. 28. pag. 178.

bien de ne vouloir pas souffrir de telles gens, & de vouloir que tous ceux qui s'appliquent aux Etudes soient en quelque manière enregimentez.

PENSÉES
DÉTACHÉES
SUR LA
GRAMMAIRE.

I.

TOUT eſt Philoſophie dans les mains d'un Philoſophe. Les Sciences dont on occupe les Enfans, dans un âge où l'on ne penſe qu'à exercer leur mémoire, deviennent une ſource de conſiderations, dignes de l'attention des plus beaux Génies.

II.

LA connoiſſance des mots qui com-

composent le langage, venant de la connoissance de ce qui se passe dans notre esprit, c'est à dire des idées, qui fait partie de la Logique, une étude raisonnée de la Grammaire doit être précedée de quelque idée de Logique.

III.

CE n'est pas l'habileté dans les Sciences, ou l'intelligence des langues mortes, qui font l'*Homme de lettres*. Lors même que l'on n'étudioit pas les langues mortes, il y avoit des Gens de lettres, c'est à dire qui avoient étudié la Grammaire.

IV.

L'ART de communiquer ses pensées regarde non seulement l'art de ranger les mots & les phrases, suivant le bon usage, sous le nom de *Grammaire*; mais aussi l'art d'exprimer & de ranger ses pensées, & de les accompagner de figures, de tons & de gestes propres à persuader & à éclairer

rer l'Esprit, sous le nom de *Rhétorique*, & celui de donner aux mots une certaine cadence propre à divertir l'Esprit, sous le nom de *Poësie*.

V.

Les Hommes ayant tous, dès leur enfance, une Logique, une Grammaire, une Rhétorique & une Morale naturelles, qu'ils croyent suffisantes, jusqu'à ce que l'âge, l'experience & le jugement les rendent curieux de voir les réflexions qui ont été faites par d'autres sur ces matières; cette sorte d'Etude ne devroit naturellement se faire, qu'après celle des Langues, de la Géographie, de l'Histoire, de la Géometrie, de la Phisique & du droit civil; contre l'usage universel de faire étudier ces matières, dans un âge, où l'on n'est pas encore en état de les gouter.

V I.

La plupart des termes de Grammaire étant abstraits, comme sont

H 5 ceux

ceux de substanciels, adjectifs, actifs, passifs, cette étude devroit être précedée de quelque idée de Métaphisique.

VII.

LA *Grammaire* est un amas de réflexions, faites pour enseigner & pour apprendre une langue, ou l'art de réduire à de certaines regles le langage des Hommes.

VIII.

SUIVANT cette définition, l'usage n'est jamais opposé à la Grammaire.

IX.

UNE *Langue* est la manière dont une certaine quantité d'Hommes sont convenus insensiblement d'exprimer leurs pensées par la parole. *

X.

* A la Chine les Savans ont inventé un lan-

X.

DANS les langues, *l'Ufage* eft la façon de parler du plus grand nombre des Honnêtes gens, fuivant le plus grand nombre des Auteurs du tems.

XI.

LA Raifon n'ayant eu, que fort peu de part dans la formation des langues, une Grammaire n'eft qu'un amas de réflexions, ou de regles, auxquelles l'on peut réduire les manières de parler, ufitées dans la langue dont il s'agit.

XII.

COMME un Homme de bon fens

langage particulier. Le Doéteur Wilkins, Evêque de Chefter en avoit inventé un pour le même ufage. Tranf. Phil. No. 180 Voyez fur la même matière. Bibl. Germ. Tom. 8. pag. 136.

fens n'eft jamais le premier, ni le dernier à prendre une mode, aufli ne doit-il être le premier, ni le dernier à fe fervir d'un mot, ou d'une certaine orthographe.

XIII.

CEUX qui n'ont jamais lu les réflexions qui ont été faites fur le langage, & qui ne parlent, pour ainfi dire, qu'à l'avanture, ne fauroient éviter de pêcher fouvent contre le bon ufage.

XIV.

UNE chofe a beaucoup nui à perfectionner la Grammaire, je veux dire l'application de ce qui eft propre à une langue à une autre dont le génie eft tout à fait different; au lieu de travailler, comme fi la langue dont il s'agit fût la feule qui fût au Monde.

XV.

XV.

Comme le but de la parole & de toutes les autres manières d'expliquer sa pensée est plutot d'exprimer les choses, que les sons, il y a apparence que la première écriture consista en figures & en hieroglifes, qui dégenerèrent insensiblement en caractères, comme font les monumens d'*Egypte*, & la Chronologie des *Mexiquains*. *

XVI.

Si d'un côté cette manière d'écrire avoit l'avantage d'être commune à toutes les langues, sans être sujette à aucun changement, comme est encore l'écriture des *Chinois*; d'un autre côté le prodigieux nombre de caractères dont elle avoit besoin, en rendoit

---

* *Primi per figuras animalium Ægyptii sensus mentis effingebant.* Tacit. Annal. lib 2.

doit l'étude fi longue, qu'il n'eſt pas ſurprenant, ſi l'on en a perdu la ſignification dans pluſieurs Païs.

XVII.

POUR entendre un livre écrit avec des caractères qui ſignifient les choſes, & non les ſons, il n'eſt pas néceſſaire d'entendre la langue de l'Auteur. Une telle écriture pouroit être commune à tous les Peuples du Monde, ſans en excepter ceux qui ſont ſourds & muets de naiſſance.

XVIII.

EN prenant chaque aſſemblage de lettres, que nous appellons un *Mot*, pour un caractère qui repreſente une choſe particulière, & non un ſon, l'on pourra auſſi faire qu'un Sourd & Muet de naiſſance joigne à chaque aſſemblage particulier l'idée d'une choſe particulière, & vienne par ce moyen à entendre premièrement l'écriture, & enſuite à écrire. Ce qui s'eſt

s'eft quelquefois pratiqué avec fuccès. *

XIX.

Lorsque l'on entrelaffe toutes
les lettres d'un mot, l'on fait un *Mo-*
nogramme, dont on fe contente quelquefois de retenir le fens ou l'idée,
fans s'embaraffer du mot. Ce qui eft
arrivé aux *Chinois*, dont les caractères font des Monogrammes, compo-
fez d'environ vingt-deux efpèces de
lettres, ou de traits. †

XX.

Ces caractères dont le nom-
bre devoit égaler celui des idées ayant
été réduit à environ 80000, § il
eut

* Voyez Méthode pour apprendre à entendre & à parler une langue à un Sourd
de naiffance, par le Docteur Wallis. *Trans.*
Phil. N. 61. & 245.

† Tranf. Philofop. No. 180.

§ *Suivant Mr. Fourment, Journal de Tre-*
voux

eut été prefque impoffible de les fépa-
rer, pour les pouvoir aifément rejoin-
dre dans le befoin, comme font nos
Imprimeurs; ils ont été obligez de
les graver fur des planches pour les
imprimer.

XXI.

LEs anciens *Chinois* pliant leurs
livres, comme nous faifons nos évan-
tails, les plis étant fort étroits, ils
écrivoient de haut en bas fur chaque
pli une fuite de mots; ce qui eft caufe qu'ils ont fait leurs pages plus larges.

XXII.

Tous les fons qui compofent une
langue fe pouvant réduire à un fort
petit nombre de faciles à retenir, le
peu

voux 1722. Un nommé *Muller* dans les
Journaux de Leipfig, s'engage à enfeigner
en moins de fix mois à ceux d'une capacité médiocre à lire l'écriture des Chinois.

peu de caractères qui les expriment ont auſſi pu facilement ſe retenir, malgré tous les changemens qui ſont ſurvenus aux Nations.

XXIII.

Les changemens que le tems apporte à toutes choſes étant beaucoup plus promts dans les langues, que dans l'orthographe, il s'eſt gliſſé un deſordre dans l'écriture, dont tout le monde ſe plaint, & que perſonne n'a aſſez de crédit pour corriger; qui eſt d'exprimer divers ſons avec les mêmes caractères, & les mêmes ſons avec divers caractères.

XXIV.

Toutes les parties du langage peuvent ſe rapporter au *Nom* qui ſert à exprimer le ſujet dont on parle, au *Verbe* qui ſert à exprimer ce qu'on affirme, & aux *Modificatifs* qui expriment les diverſes circonſtances du Nom & du Verbe.

I   XXV.

XXV.

UNE fauſſe idée de politeſſe, qui ne permet pas de laiſſer tarir la converſation ; une grande ſtérilité de matières, l'envie de paſſer pour avoir de la vivacité & de belles manières, peu d'attention à ſe rendre intelligible, & une grande envie de ſe faire admirer, ont rempli le langage ordinaire de pléonaſmes, d'interjeſtions, & de particules expletives, dont les plus Sages ont bien de la peine à s'abſtenir.

XXVI.

LA politeſſe faiſant éviter tout ce qui peut choquer les oreilles, quoique conforme à l'analogie de la langue, il eſt arrivé que les langues les plus polies ont été les plus irregulières, * & que les Peuples les plus barbares, & qui n'ont point bâti de Vil-

---

* *Imperatum eſt à conſuetudine ut ſuavitatis cauſa peccare liceret.* Quintil.

Villes, ont la Grammaire la plus simple, & la manière la plus uniforme de s'exprimer.

XXVII.

Les changemens qui arrivent à une langue sont une suite des changemens, des opinions, des mœurs & du gouvernement de ceux qui la parlent. De nouvelles idées requièrent de nouveaux termes; & la langue des Païs où ces changemens sont plus fréquens, comme sont celles de l'Europe, doivent y être les plus sujettes.

XXVIII.

S'il y a des langues dans lesquelles l'on peut tout exprimer sans équivoque, & dont les mots ne changent que rarement de terminaisons dans tous les cas, nombres, genres, tems ou modes, soit adjectifs ou passifs, dont le même mot est souvent sans aucune nouvelle inflexion, tout ensemble substantif, adjectif, verbe & adverbe, & dont l'ordre des mots est

I 2   pres-

prefque toujours arbitraire , n'admet-
tant prefque aucune Sintaxe; eſt - ce
une perfection dans une langue, que
d'abonder dans toutes ces chofes?

XXIX.

Nous connoiſſons une langue
pleine de monofillabes, peu va-
riée dans ſes terminaiſons, n'ayant
prefque point de Sintaxe, peu cultivée, & ne failant, pour ainſi dire,
que de fortir de la barbarie, dans laquelle, dès qu'on l'a voulu, l'on a ex-
primé avec toute la force & toute la
vivacité poſſibles, les fentimens du
Cœur les plus cachez & les plus dé-
licats.

XXX.

Si la diviſion que l'on fait des langues, en langues *mères*, & langues
dérivées, étoit juſte, une langue mè-
re devroit être celle qui, conſiſtant
en mots d'une Sillabe , ne donne aucun lieu aux étimologies.

XXXI.

XXXI.

QUAND une Nation tombe dans la barbarie, chacun fe laiffant entrainer aux manières du petit Peuple qui ne fe donne pas la peine de prononcer de longs mots, les élifions & les mutilations fréquentes réduifent enfin la langue à des monofillabes; ce qui dans la fuite déroute entièrement les Etimologiftes.

XXXII.

Si la richeffe d'une langue ne vient pas moins de la variété de fes phrafes, que de l'abondance de fes mots; l'on ne peut pas toûjours dire qu'une langue, qui en furpaffe une autre en nombre de mots, la furpaffe en ri-cheffe.

XXXIII.

IL y apparence qu'avant l'ufage de l'écriture, les langues étoient fort pauvres; comme font encore celles de l'*Amerique*, où les Habitans, en converfant enfemble, ufent prefqu'au-

qu'autant de signes que de mots.
* En écrivant, on a cherché des
expressions qui suppléassent aux signes.

XXXIV.

UNE langue est plus ou moins
douce à l'ouie, suivant qu'elle est plus
ou moins facile à prononcer, & qu'elle a dans ses sillabes moins de conson-
n.s, d'aspirantes ou de gutturales; elle est plus harmonieuse, lorsqu'elle
contient moins de monosillabes, &
que dans les grands mots, l'accent est
plus éloigné de la dernière sillabe, &
elle est plus facile, quand ceux qui
la parlent peuvent dans le besoin composer des mots, & que l'ordre qu'on
leur donne dans le discours est plus arbitraire.

XXXV.

TOUTES les langues qui ont été
parlées par de puissantes Nations,
qui ont cultivé les Sciences, sont également parfaites.

XXXVI.

* Transf. Phil. No. 126.

XXXVI.

POUR bien parler une langue, il ne suffit pas d'en savoir les mots & les phrases, il faut encore penser dans cette langue.

XXXVII.

PAR la même raison, pour apprendre une langue, il faut puiser dans les Auteurs qui ont écrit dans cette langue, & non dans les traductions lesquelles, pour parfaites qu'elles soient, retiennent toujours quelque chose de leur langue originale.

XXXVIII.

SI l'usage est le maitre absolu des langues, par rapport aux mots & aux phrases, il n'en est pas de même des périodes. Il n'y a point d'usage qui puisse autoriser une période obscure, ou trop longue.

I 4　　　XXXIX.

XXXIX.

Si l'écriture a été inventée pour
suppléer à la parole & au discours familier, c'est abuser de l'écriture, que
de la faire servir à exprimer de lon-
gues périodes, puisque le stile de la
conversation est toujours coupé.

XL.

Dans les Ouvrages d'esprit, qui
ne sont faits que pour amuser & pour
divertir, les fautes de stile & de langage sont inexcusables.

XLI.

Lorsque pour donner de l'a-
grément au stile, l'on évite de répeter dans une même période le même
mot; ce n'est pas que la répetition
du même son déplaise, puisque la répetition des pronoms, des articles,
des particules & des prépositions, qui
réveillent continuellement de nouvelles idées n'ennuye pas; mais parceque
la

la grace de la nouveauté se trouve
toujours dans de nouveaux termes.

XLII.

IL n'y a point de *Sinonimes* par-
faits dans les langues; un mot ne renferme point précifement, & dans toutes fes circonftances, le fens d'un autre mot. Il n'y a même qu'une feule manière d'exprimer également
& purement une chofe, laquelle écha-
pe fouvent aux plus habiles.

XLIII.

DANS le choix des termes, un terme n'eft noble, bas ou burlefque, que
par les idées acceffoires qu'il renferme; & plufieurs termes nobles, qui
expriment une chofe férieufe d'une
manière concife, forment un ftile
fublime.

XLIV.

LES Auteurs qui ont écrit dans les
langues mortes ont cet avantage, que

les

les phrases basses & provinciales, ou idiomatiques, qui leur ont échapé, ne choquent plus l'oreille.

XLV.

LA *Sintaxe* est la manière de joindre chaque mot d'une langue l'un avec l'autre, par rapport aux diverses terminaisons que prescrit la Grammaire.

XLVI.

IL pouroit y avoir une langue sans Sintaxe, c'est-à-dire, dont les mots étant privez ce toute sorte de modification, d'inflexion & de différentes terminaisons, n'auroient point d'autre ordre dans le discours, que celui dans lequel l'Esprit envisageroit les objets.

XLVII.

L'ON dit que l'on fixe une langue en consultant l'*Analogie*, lorsque l'on détermine les manières de parler douteuses, par la comparaison

fon des autres manières de même efpèce.

XLVIII.

Le ftile *Grammatical*, pur & châ-
tié, eft immuable. C'eft la manière
dont les mots conftruits felon les loix
de la Sintaxe font arrangez entre eux
felon le génie de la langue. Un Auteur en obfervant les regles de ce ftile,
peut écrire d'une manière fort lan-
guiffante, pendant que d'autres, avec
un ftile grammatical fort défectueux,
écrivent quelquefois fort agréablement. *

XLIX.

Le ftile *perfonnel*, qui peut varier
à l'infini, eft la façon particulière
d'expliquer fes penfées, qui eft differente felon les matières, les Païs & les
Siécles; comme font le ftile grand,
en-

* *Non id ut crimen ingens expavefcendum*
eft : at nefcio an negligentia in hoc an follicitu-
do fit pejor. Quint.

enjoué, sublime, bas, doux, rude, aisé, forcé, poëtique, oratoire, sententieux, épistolaire, burlesque, diffus, concis, fort, languissant, sec, fleuri, &c.

L.

L'ELEGANCE dépend d'un certain choix d'expressions riches & heureuses, dans lequel il ne paroisse pourtant rien que d'aisé, & de facile. *

LI.

Il arrive souvent qu'un Auteur, qui cherche trop à animer son stile, par une abondance d'épithètes & de figures, devient fatigant ; mais un stile propre, juste & naturel, n'ennuye jamais.

LII.

CEUX qui s'appliquent à imiter la ma-

---

* Ludentis speciem dabit & torquebitur. Horat. ep. 2. lib. 2.

manière d'écrire de quelque grand Homme qui les a précedé, peuvent réuffir à écrire régulièrement; mais ils n'ont jamais la vivacité qu'ils auroient eue, s'ils euffent fuivi leur propre génie.

LIII.

RETENIR dans fa mémoire un grand nombre de phrafes, tirées des meilleurs Auteurs, eft bien le moyen de ne demeurer jamais court; mais non pas de parler jufte.

LIV.

LE ftile *naturel* n'eft pas un ftile formé fur le modelle des bons Auteurs qui nous ont précedé, mais fur le langage ordinaire des honnêtes Gens de nôtre tems.

LV.

LES plus grands Efprits, ne penfant pas toujours avec la même vivacité,
ne

ne fauroient auſſi toujours également bien parler, ſans le ſecours d'une mémoire qui leur fourniſſe ſur le champ des expreſſions heureuſes, comme ſont les ſentences & les proverbes; les ſentences tenant lieu de proverbes chez les honnêtes Gens, & les proverbes tenant lieu de ſentences parmi le Peuple.

LVI.

Il n'y a qu'une idée nette des choſes qu'on veut traiter, & une connoiſſance parfaite de la force des termes de la langue dont on ſe ſert, qui puiſſe procurer cette juſteſſe qui fait tout le mérite du ſtile.

LVII.

Tous les jours on entend dire à de jeunes Gens, qui ne font encore qu'entrevoir certaines Véritez, ſans les avoir bien digerées, qu'ils penſent bien, mais que les expreſſions leur manquent ; mais l'experience fait voir qu'on qu'on exprime toujours bien ce que l'on conçoit clairement. *

LVIII.

POUR parler juste, il ne faut pas moins travailler à former son jugement, qu'à apprendre sa langue. † La plupart des expressions impropres viennent autant d'un mauvais jugement, que de l'ignorance du langage.

LIX.

IL y a des gens qui parlent mieux qu'ils n'écrivent; ce qui peut venir de ce que le cercle des Gens qui les écou-

---

* ————————cui lecta potenter erit res
Nec facundia deseret hunc, nec lucidus ordo.
Verbaque provisam rem non invita sequentur.
Hor.
Potiùs habeat Orator rem de qua dicat,
quàm cogitet quibus verbis quidque dicat aut
cogitet.
Cicero de Orat.
† Scribendi rectè sapere est principium & fons.
Hor.

écoutent, réveille tout à la fois leur vanité & leur imagination, lesquelles languiffent dans le filence du cabinet.

LX.

QUELQUÉFOIS une promte mémoire, accompagnée d'une belle voix & de quelques autres agrémens de la perfonne, prócurent un fi bon accueil dans les compagnies, que l'on fe fait illufion fur fes talens, d'où il arrive que, fans prendre beaucoup de peine à être méthodique & régulier fur le papier, l'on fe flatte qu'en écrivant les chofes comme elles fe préfentent à l'efprit, elles feront auffi bien goutées, qu'en converfation.

LXI.

LES *Pithagoriciens* difoient que les Orbes céleftes, en gliffant les uns fur les autres, font une harmonie dont nous ne nous appercevons pas; parce que nous y fommes accoutumez. Nous pouvons auffi dire que nous parlons

tous

tous en musique, sans nous en apper-
cevoir, & que les Etrangers sont bien
fondez à dire, que nous chantons tous
en parlant. Et comme en Musique
les *récitatifs* sont les plus difficiles à
executer, aussi dans la récitation d'un
discours, les matières dogmatiques
sont beaucoup plus difficiles à prononcer, que les choses qui sont sus-
ceptibles de grands mouvemens.

K   D E

DE LA

RHETORIQUE.

LXII.

L E don de la parole & la prudence se rencontrent si rarement dans le même sujet, que les beaux Parleurs font plus de mal, que de bien dans les conseils; non seulement en retardant les déliberations, mais aussi en faisant souvent suivre un mauvais avis. Cependant, comme ils font les délices de la conversation, si les Hommes ont jamais été retirez d'une vie sauvage, pour vivre en société, il y a apparence qu'ils en font redevables à quelque beau Parleur. *

LXIII.

* Sylvestres homines sacer interpresque Deorum.
Coedilus & victu foedo deterruit Orpheus.
Dic

LXIII.

Si les Hommes vivoient feuls, il leur fuffiroit, par le moyen de la Logique, de favoir ne fe pas tromper dans leurs raifonnemens, fur les chofes qui pourroient leur être utiles ou nuifibles. Mais, étant obligez de vivre en fociété, pour réveiller l'attention des autres Hommes, & les engager à les fervir, ils ont befoin de faire envifager les chofes fous divers côtez, d'animer leurs difcours par des figures, & donner un certain ordre à leurs penfées, c'eft à dire, d'employer la Rhétorique.

LXIV.

Les Véritez géometriques, qui ne combattent jamais les paffions & les interêts des Hommes, s'établiffent
aifé-

Dictus ab hoc lenire tigres, rabidofque leones.
Dictus & Amphion, Thebanæ conditor arcis.
Saxaque movere fono tefludinis. Hor.

K 2

aifément par de fimples argumens; mais il y a des occafions, où les Hommes haïffent la Vérité. Alors ils ne veulent la reconnoitre, que lorfqu'ils en font éblouis par la force de l'Eloquence.

LXV.

LA *Rhétorique* eft l'art de perfuader ; ce qui renferme toutes les définitions que l'on donne de cet Art.

LXVI.

CEUX qui, par le fecours des lieux communs de Rhétorique, cherchent à fe rendre capables de parler fur le champ fur toute forte de fujets, n'ont pas pris garde, que la parole n'a été donnée à l'Homme, que pour perfuader.

LXVII.

C'EST fort improprement qu'on appelle éloquent un difcours plein de jeux

jeux de mots & de penfées ingenieu-
fes, dans lequel l'efprit de l'Orateur
ayant eu plus de part, que le cœur,
lui a attiré l'admiration & les applau-
diffemens de fes Auditeurs.

LXVIII.

Combien de gens croient avoir
été perfuadez par un difcours fur la
Morale, fur la Religion, ou fur la
vérité de quelque Miracle, que des
argumens de même nature, & ac-
compagnez des mêmes ornemens &
de la même prononciation, ne déter-
mineroient jamais à dénaturer leur bien,
pour le loger de quelque autre manière.

LXIX.

L'Eloquence ne confifte pas
feulement à démontrer une Vérité,
par des argumens convaincans, mais
auffi à la rendre aimable, par une peinture ornée de tout ce que peuvent
fournir les figures & les agrémens du

lan-

langage, * de la voix, du gefte & de toute la perfonne. †

LXX.

LE plaifir eft le grand mobile qui fait agir les Hommes ; fi l'on veut être écouté, il faut parler agréablement ; ce qui ne fauroit être, fi l'on n'a pas une prononciation aifée.

LXXI.

POUR réuffir dans la converfation, il fuffit d'avoir des talens naturels : Le ton de la voix, l'air du vifage & le gefte

---

* *Quem recitas meus eft ô Fidentine libellus ;*
Sed malè cùm recitas, incipit effe tuus. Martialis.

Graves fententiæ inconditis verbis elata offendunt aures, quarum judicium fuperbiffimum fenfufque faftidiofiffimus. Cicero de Oratore.

† *Pronuntiatio eft vocis & vultus & geftus moderatio cum venuftate.* Cicero.

————*Malè fi mandata loqueris,*
Aut dormitabo, aut ridebo. Hor.

gefte suppléent à tout; mais, pour écrire, il faut couper les sens à propos, & donner une juste étendue aux expreffions.

LXXII.

LES ornemens qui doivent accompagner la peinture d'une chofe doivent moins être l'effet de l'étude de la Rhétorique, qu'une production naturelle de l'idée vive & nette, que l'on a de toutes les circonftances de cette chofe. *

LXXIII.

COMME, en Peinture, il eft plus facile d'employer de riches couleurs, que de bien deffiner, ceux qui n'ont pas une idée parfaite de leur matière, fe dédommagent par un ftile fleuri. Il eft plus facile d'être affecté, que naturel.

* *Nihil videatur fictum, nihil follicitum; omnia potiùs à caufa quàm ab oratore profecta videantur.* Quintil.

K 4   LXXIV.

LXXIV.

L'on doit donc bien se garder de tomber dans la pédanterie de ceux qui confondent l'Eloquence, avec l'élegance & la pureté de la diction, puisque l'on voit souvent des discours éloquens, où ces qualitez ne se trouvent point.

LXXV.

En Eloquence, comme en Architecture, tout ornement qui n'est qu'ornement est de trop. Il n'appartient qu'aux Génies du premier ordre de savoir se moderer là-dessus. Parmi les Auteurs classiques, l'on ne compte que *César*, qui en ait été capable. *

LXXVI.

Le stile diffus, que l'on dit être
pro-

---

† *Dicebat Scaurus non minùs magnam virtutem esse scire definire, quàm scire dicere.* Cicero.

propre aux Orateurs, n'eft pas celui qui eft chargé d'épithètes & de finonimes; mais celui qui eft riche par la variété des images & des tours, fous lefquels ils font envifager une Vérité.

LXXVII.

Les Scholaftiques, qui débitent d'une manière froide & fèche les Véritez de la Religion, ne font pas moins ridicules, que ceux qui s'échauffent & qui invectivent, pour établir quelque point d'érudition profane.

LXXVIII.

L'Avocat & le Prédicateur different fouvent, en ce que l'Avocat cherche à attirer fur fa Partie la compaffion des Juges; & le Prédicateur cherche à s'attirer l'eftime & l'admiration de fes Auditeurs

LXXIX.

Dans une converfation badine, le
plai-

plaifir que caufe une plaifanterie venant principalement de la furprife qu'elle caufe, lorfqu'on s'y attend le moins, un certain air froid & indifferent en augmente beaucoup le prix. Mais, quand on parle férieufement, l'on ne touche les autres, qu'autant que l'on paroit être touché foi-même.

LXXX.

LES *Exemples* peuvent avoir beaucoup de force pour perfuader, pourvu qu'ils foient pris de la conduite des Gens, dont les talens & les occupations foient à la portée du plus grand nombre de ceux à qui l'on parle.

LXXXI.

LES *Apologues* perfuadent d'autant mieux, que celui a qui ils font adreffez ne fe défie pas de ce qu'on lui dit, & attribue plutot la connoiffance qu'il en retire à fa pénetration, qu'à l'adreffe de celui qui propofe l'apologue.

LXXXII.

LXXXII.

La *Parabole* differe de l'Apologue, en ce que, quoique tous deux faits pour instruire, la fiction de l'Apologue est impossible, faisant souvent parler les bêtes & les choses inanimées; au lieu que la fiction de la Parabole n'a rien que de vrai-semblable.

LXXXIII.

La *Fable* doit être courte, & renfermer une Vérité morale, unique, interessante, cachée par l'Allegorie, ou exprimée seulement à la fin, pour donner lieu à exercer la pénetration du Lecteur.

LXXXIV.

L'image sous laquelle la Fable cache une Vérité doit être naturelle, & conforme à l'idée qu'on a des choses; elle doit être juste, applicable à cette seule Vérité, claire & la representensenter diftinctement, & dont tous les traits fe doivent réunir à cette feule Vérité.

LXXXV.

RIEN ne perfuade moins en matière de Morale, que les difcours intitulez *Démonftrations*, ou qui portent d'abord à l'Efprit un efpèce de défi. D'où vient peutêtre qu'il y a plus d'Incredules, depuis qu'on s'eft avifé de vouloir démontrer la Vérité de la Religion.

LXXXVI.

UN Homme qui n'a étudié que la Rhétorique eft moins propre à perfuader, que les plus Ignorans dans toute forte de Sciences.

LXXXVII.

LES occupations de la plupart de ceux qui enfeignent la Rhétorique, ne leur permettant pas de fe répandre dans le Monde, & connoiffant peu

les

les Hommes & la Morale, l'on ne doit pas s'attendre à les trouver éloquens.

LXXXVIII.

LES regles préviennent les défauts, mais elles ne font pas la beauté; il en est des préceptes de Rhétorique, comme de ceux de la Peinture, lesquels peuvent bien apprendre à juger d'un tableau, mais qui ne forment pas un Peintre. Les livres de Rhétorique ne peuvent tout au plus qu'enseigner à juger d'une pièce d'Eloquence.

LXXXIX.

UN Homme qui a le talent naturel de la parole, des idées nettes de ce qu'il veut insinuer, & un grand usage du monde & des affaires, a si bien tout ce qu'il faut pour persuader, que l'étude de la Rhétorique, bien loin de perfectionner ses talens, ne feroit que les affoiblir.

XC.

XC.

LA méthode que doit fuivre un jeune Homme, d'un efprit vif, pour devenir éloquent, eft premièrement de féjourner dans les grandes Villes, de lire les livres de ceux qui penfent folidement & qui s'expriment purement, & de fréquenter ceux qui font de même caractère ; & enfuite de s'appliquer, non par voye d'exercice, mais férieufement à perfuader, en s'en procurant de fréquentes occafions, par un grand commerce du monde. *

* *Rerum enim copia verborum copiam gignit, & fi eft honeftas in rebus ipfis de quibus dicitur, exiftit ex rei natura quidam fplendor in verbis : fit modò is qui dicet aut fcribet inftitutus liberaliter educatione doctrinaque puerili & flagret ftudio, & à natura adjuvetur, & in univerforum generum infinitis difceptationibus exercitatus, ornatiffimos Scriptores Oratorefque ad cognofcendum imitandumque cognorit : ne ille haud fanè quemadmodum verba ftruat & illuminet à magiftris iftis requiret. Ita facilè in rerum abundantia ad orationis ornamenta fine duce, naturá ipfá fi modo eft exercitata labetur.* Cicero de Orator. lib. 3.

XCI.

XCI.

LA beauté d'un difcours confiftant principalement dans la force des raifons, & dans la difpofition judicieufe des matières, il eft impoffible qu'il foutienne l'examen tranquille d'un Lecteur, fi l'Orateur ne s'eft rendu capable de raifonner jufte, par l'étude de la Philofophie. *

XCII.

L'ETUDE des *figures* de Rhétorique, bien loin de contribuer à rendre éloquent, ne fait que refroidir le feu de l'imagination. Il eft pourtant utile que les Gens de lettres, qui raifonnent fur le ftile des Auteurs, fachent les noms que l'on a donnez à ces figures.

XCIII.

LES figures tiennent lieu d'un
g and

* *Rem tibi Socratica poterunt oftendere char-*

grand nombre de termes propres. Il ne sauroit y avoir de langues sans figures. Dans quelques langues elles sont tirées de loin, & paroissent ridicules, traduites en d'autres langues.

XCIV.

L'enflure dans le stile rend un discours infiniment plus languissant, que la bassesse; c'est de tous les défauts le plus difficile à éviter.

XCV.

Les Gens de lettres pardonnent plus aisément le stile enflé, que le rampant; les Gens du monde sont dans un gout tout opposé.

XCVI.

Souvent une trop grande attention

14. Hor. *Fateor me oratorem, si modo sim aut quicunque sim, non ex Rhetorum officinis, sed ex Academiæ spatiis.* Cic. de Orat.

tion à être correct & harmonieux, empêche que l'on ne s'exprime avec vivacité. *

XCVII.

SOUVENT l'élevation & la fécondité du stile est un effet de la foiblesse & de la petitesse du génie de l'Auteur. †

XCVIII.

LES figures ne doivent pas être un effet de l'étude, mais de la chaleur dont on est animé pour la défense de la Vérité.

---

* Cavendum est ne, dum adhibetur numerus, pondus detrahatur. Sanctus August. de Doct. Christ.

† Quo quisque ingenio minùs valet, hoc se magis attollere & dilatare conatur, & staturâ breves in digitos eriguntur, & plura infirmi minantur: nam tumidos & corruptos, & timidos, & quocumque alio Cacozeliæ genere peccantes certum habeo non virium, sed infirmitatis vicio laborare. Quintil.

L   XCIX.

XCIX.

L'IGNORANCE de la langue fait
que l'on employe souvent les figures,
faute de savoir s'exprimer proprement ; la nécessité à d'abord obligé
les Hommes à s'en servir, & ensuite
on les a employées pour embellir le
discours.

C.

Si une chose est naturelle, non par
sa simplicité, mais à proportion quelle est plus facile & plus proche de son
origine en matière de Morale, le stile
simple qui n'a été employé, que dans
les siecles les plus polis, sera le plus
artificiel & le plus difficile.

CI.

Si d'un côté la méthode d'écrire
un discours & de l'apprendre par cœur
attire les applaudissemens & les élo-
ges, l'on peut dire d'un autre qu'elle
persuade beaucoup moins, & que dans
les

les siècles barbares, où l'on ignoroit le bon ordre, la beauté de l'élocution & la pureté du stile, l'on ne réussissoit pas moins à émouvoir & à entrainer les volontez, que dans les siècles où l'Eloquence a été la plus cultivée.

CII.

PUISQU'IL dépend toujours de nous de raisonner juste, & que la mémoire est un pur don de la Nature, comment est-il arrivé, qu'il est plus honteux à un Orateur de manquer de mémoire, que de mal raisonner?

CIII.

IL y a une certaine manière noble d'exprimer toutes choses. *Le Sublime* est au stile, ce que l'Héroïsme est aux qualitez morales. Si l'Héroïsme est de toutes les conditions, l'on peut aussi dire qu'il y a une certaine manière noble de s'exprimer sur toute sorte de sujet.

L 2   CIV.

CIV.

RAREMENT échape-t-il une expreſſion brillante à un Homme qui
parle ſérieuſement & naturellement;
ainſi toute penſée ou expreſſion fine
& délicate, qui n'eſt pas fondée ſur
quelque manière ordinaire de ſentir ou
de s'exprimer, eſt un rafinement &
une vaine ſubtilité. *

CV.

LA *Morale* qui ne roule, que ſur
des idées ſpirituelles & élevées, ne
peut s'exprimer que par des figures
priſes de ce qui ſe paſſe dans les operations les plus nobles du corps; ce
qui a fait conclure mal à propos
qu'il falloit s'étudier à traiter toutes
les matières de Morale, avec un ſtile figuré, au lieu de s'exprimer le
plus ſimplement que faire ſe peut.

CVI.

L'HISTOIRE ne roulant preſque

* *Nunquam aliud natura, aliud ſapientia
dicit.* Juvenal.

que que fur des operations corporelles, peu fufceptibles de figures, l'on a fauffement cru qu'il falloit éviter dans l'Hiftoire le ftile figuré, & fe tenir au fimple.

CVII.

LE ftile de la *Fable* doit être familier, ce qui eft d'autant plus difficile, que le pas eft gliffant du familier au bas, & qu'il n'y a gueres qu'une manière unique de s'exprimer familièrement, pendant que le ftile grave eft fufceptible de plufieurs tours.

CVIII.

LE *Dialogue* dans lequel il faut qu'un Auteur conferve, dans la folitude du cabinet, le feu & le tour aifé & naturel qui fait tout l'agrément de la converfation, eft ce qu'il y a de plus difficile en matière de compofition & de ftile.

L 3 CIX.

CIX.

LORSQUE dans un Dialogue l'on introduit deux perſonnes qui ſoutiennent deux ſentimens oppoſez, il n'eſt pas néceſſaire que celui qui défend l'Erreur ſe rende toujours aux raiſons de l'autre. Il eſt plus naturel que chacun demeure dans ſon ſentiment, & que le Lecteur juge qui a raiſon.

CX.

PAR la même raiſon, qu'il n'y a point de ſi chétive ſatire qui ne trouve des Lecteurs, peu de perſonnes ſe ſoucient de lire un *Panegirique*; c'eſt le chef d'œuvre de l'Eſprit & du ſtile. Pureté d'expreſſions, choix d'épithètes, clarté, cadence de périodes, vivacité de comparaiſons, expreſſions brillantes, nouveauté & variété de tours & de figures, tout y doit être exquis. Quel dommage que tant d'art ſoit employé à ne fai-

ie fur l'Efprit, qu'une impreffion paf-
fagère?

CXI.

L'on fouffre le médiocre dans
tout ce qui elt néceffaire; mais le
Panegirique qui n'eft fait, que pour
la gloire des morts, ou pour le plaifir des vivans, devient infupporta-
ble, dès qu'il n'eft pas excellent. *

CXII.

Bien des gens ont voulu fe conformer au gout de leur fiécle & de
la multitude, & n'y ont pas réuffi;
mais ceux qui cherchent la raifon &
le bon fens manquent rarement de
les troüver.

CXIII.

Un Déclamateur dont les diverfes
in-

* illud genus oftentationi compofitum folam
petit audientium voluptatem: ideo omnes dicendi

L 4

inflexions de la voix & du gefte font moins un effet du fentiment qu'il a de la chofe dont il parle, que l'imitation de quelque habile Orateur, eft auffi ridicule, qu'une Veuve qui, à la mort de fon Mari, regleroit fes pleurs, non par le fentiment de fa perte, mais pour faire comme fa Voifine.

CXIV.

COMME il y a des Hipocrites qui en impofent & font croire à ceux qui ne s'en défient pas qu'ils font Gens de bien, il y a auffi de faux Orateurs, qui abufent de la facilité qu'ils ont à imiter les véritables, pour perfuader l'Erreur, & defquels les Gens peu éclairez, ne fauroient fe garder.

CXV.

S I un Orateur manque des talens natu-

di artes aperit, utque ad folam finem laudis & gloria tendat. Quare quidquid erit verbis nitidum, figuris jucundum, velut inflitor quidam eloquentia intuendum ac pertractandum dabit. Quintil. lib. 8. inft. cap. 3.

naturels & acquis, dont nous avons parlé, qu'il travaille seulement à pasler chez ses Auditeurs pour un Homme plein de probité, de prudence, de bienveillance & de modestie; * & avec cela qu'il parle, je lui répons du succès. †

* . *Nihil ad conciliandum gratiùs verecundiâ.* Quint. lib. XI. cap. 3.

† *In Oratore non tam dicendi facultas, quàm honesta vivendi ratio eluceat.* Quintil.

L 5   DE

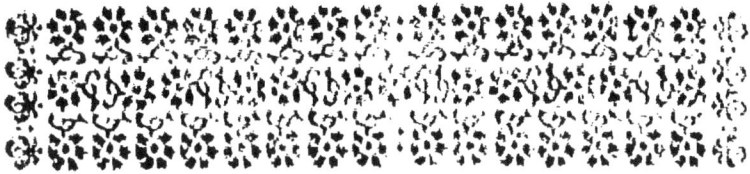

DE LA
POËTIQUE.

CXVI.

LEs Poëtes ne fauroient réuffir à divertir, qui eft leur principal but, qu'en donnant carrière à leur imagination, & en rempliffant leurs compofitions de fictions. Cependant, comme les Poëtes ont été les premiers Hiftoriens, & les premiers Philofophes, ceux qui étudient l'Antiquité ne fauroient fe difpenfer d'étudier les anciens Poëtes.

CXVII.

LES Poëtes ont beau dire, ce n'eft point leurs Héros qu'ils travaillent à rendre immortels, c'eft eux-mêmes.

mes. * C'eſt *Horace* & *Virgile* que nous admirons, & non pas *Achille* & *Enée.* Il n'en eſt pas de même des Hiſtoriens.

CXVIII.

L'IMAGINATION qui eſt une faculté moyenne entre ſimple perception des objets exterieurs par les ſens, & l'entendement pur, ayant beaucoup plus de force que l'évidence, pour émouvoir les paſſions , & pour nous faire pourſuivre avec ardeur ce qui nous eſt utile, & fuir ce qui nous eſt nuiſible; tout ce qui entre dans notre eſprit, par la voye de l'imagination, y doit faire une impreſſion beaucoup plus vive, que le ſimple raiſonnement; & les véritez de Morale, revêtues de la meſure & des métaphores de la Poëſie , doivent beaucoup plus exciter l'attention, que les ſentences des Philoſophes , dénuées de ces ornemens.

CXIX.

---

* *Vixere fortes ante Agamemnona*
Multi : ſed omnes illachrimabiles
Urgentur, ignotique longa
Notte, carent quia vate ſacro. HOR.

CXIX.

La difficulté que l'on sent, qu'il y a de bien s'exprimer par mesure & par rime, fait que l'on est agréablement surpris, lorsque l'on voit quelque chose de bien dit d'une manière difficile. *

CXX.

La *Poësie* git dans un arrangement mesuré de paroles, qui admet des fictions & des figures plus hardies, que celles de l'Eloquence.

CXXI.

Ce nombre & l'harmonie chatouillent l'oreille, la fiction flate l'imagination, & les figures excitent les passions.

CXXII.

* *Eadem negligentiùs audiuntur minùsque percutiunt quamdiù soluta oratione dicuntur, ubi accessere numeri & egregium sensum adstrinxere certi pedes eadem illa sententia, velut lacerto excussa torquetur.* Seneca.

CXXII.

Ainsi, un difcours mefuré qui préfente à l'Efprit des idées fimples, foit qu'elles foient vrayes ou fauffes, s'il eft dénué de figures & d'images agréables & intereffantes, n'eft pas un Poëme.

CXXIII.

Ainsi, un difcours fententieux, ou une fiction agréable & ingenieufe, pleine de figures & d'ornemens, mais qui, n'étant pas mefuré, ne flatte pas l'amour que les Hommes ont pour l'harmonie, n'eft pas un Poëme.

CXXIV.

Puisque toutes les idées vien-nent des fens, ce n'eft que par force que nous employons les idées abftrai-tes, nous retombons toujours dans le gout des idées fenfibles; &, pour nous divertir, il nous faut reprefen-ter les idées abftraites des paffions,

des

des vices, & des vertus sous des personnages feints.

CXXV.

LA fiction est si bien du ressort de la Poësie, qu'un Poëte pêche autant contre les regles de son art, lorsqu'il rapporte les évenemens, simplement comme ils sont arrivez, qu'un Historien, lorsqu'il les rapporte, comme ils ont pu être.

CXXVI.

L'AMOUR que nous avons également pour le vrai & pour le merveilleux fait que les fictions dont on nous amuse ne nous plaisent, qu'autant qu'elles renferment le merveilleux, accompagné du vrai-semblable. *

CXXVII.

QUE si l'on veut abandonner le vrai-

* *Ficta voluptatis caufa fint proxima verit.* Hor.

vrai-femblable, alors le mérite d'une
fiction confifte à s'en éloigner le plus
qu'il eft poffible; d'où vient que l'on
a lu avec empreffement tant de Contes d'une abfurdité monftrueufe.

CXXVIII.

L'IMAGINATION aime à trou-
ver l'harmonie & la cadence dans tout
ce que l'on fait n'être fait, que pour
divertir, comme font les Comedies,
les Fables & les Chanfons, dont le
ftile n'a rien de Poëtique.

CXXIX.

IL y a des Lecteurs qui veulent
être divertis fans peine, & qui refer-
vent leur attention pour les chofes férieufes; ce font eux qui ont introduit
dans de certaines langues l'ufage de
louer un Poëte, en difant qu'il s'exprime fi naturellement, que l'on ne
fauroit parler autrement en Profe.

CXXX.

CXXX.

C'EST en faveur de la mesure &
de l'harmonie, que l'on s'accoutume
si bien à passer aux Poëtes tant de
transpositions, d'impropriétez & de
fautes contre la Grammaire, que ces
fautes échappent quelquefois à la critique la plus sévère ; ce qui se fait
aussi souvent, en faveur de ceux qui
écrivent agréablement en Prose.

CXXXI.

LA nécessité d'exprimer sa pensée
veut, que l'on passe souvent à un
Homme quelque mot, ou quelque
phrase irregulière ; mais que dans de
certains Païs les Poëtes, à cause de
la contrainte du vers, employent à
tout bout de champ des mots, des
phrases & des transpositions qui ne
sont point reçues dans le discours;
c'est ce qu'on n'est nullement obligé
de leur pardonner.

CXXXII.

CXXXII.

LE but de la Poëfie eft de divertir * les Honnêtes gens, qui ne font ni favans du premier ordre, ni d'une ignorance craffe, lefquels aiment à rencontrer l'utile & l'honnête joints à l'agréable.

CXXXIII.

CEUX qui tirent toutes leurs figures des chofes les plus communes, & ceux qui les tirent de ce que les Sciences, les Arts, la Fable & la Philofophie ont de plus recherché, donnent dans deux extremitez également vicieufes.

CXXXIV.

NOUS ne devons pas chercher dans les Ouvrages de ceux qui nous ont

* *Animis natum inventumque poëma juvandis.* Hor.

M

ont précedé les regles de ce qui doit
plaire, mais dans la nature de l'Homme.

CXXXV.

La Satire fait le principal appui
de la Poësie moderne; si l'on ven-
doit à part les Ecrits fatiriques de
quelques Poëtes, leurs autres ouvrages tomberoient bientot dans l'oubli.

CXXXVI.

C'est un grand préjugé contre
un Ouvrage, lorſque les Commenta-
teurs ſont diviſez ſur le but que s'y
eſt propoſé ſon Auteur, puisque
c'eſt ce qui doit y être de plus clair.

CXXXVII.

Les Savans, après avoir réduit
tous les Ouvrages en vers à de certaines claſſes, & avoir aſſigné à chacun de certaines regles ont déploré le
mauvais gout du Siècle, lorſque le
Public faiſoit accueil à des Ouvrages,

ges, où ces regles n'étoient pas ob-
servées. *

CXXXVIII.

L'ON doit pardonner à un Poëte
qui, faisant paroitre beaucoup de génie, d'invention & de travail, a sui-
vi le mauvais gout du Siècle grossier
dans lequel il a vêcu. Mais l'on doit
toujours juger d'un Poëme, par les
regles invariables du bon Sens.

CXXXIX.

LES regles peuvent tout au plus
prévenir les mauvais Poëtes, mais
elles ne sauroient seules en former un
bon.

* *Neque tam facta sunt ista præcepta, sed
hoc quidquid sit utilitas excogitavit. Non ne-
gabo autem sic utile esse plerumque. Verùm, si
eadem illa nobis aliud suadebit utilitas, hanc
relictis Magistrorum auctoritatibus sequentur.*
Quintil.

CXL.

L'*Enthousiasme* est une chaleur d'imagination, * à laquelle on s'abandonne, qui produit des beautez ou des défauts, selon qu'il est bien ou mal reglé.

CXLI.

L'*Ode* est un Poëme court, dans lequel le Poëte est tout conduit par son génie extrèmement harmonieux, & composé de stances egales, qui n'est fait, que pour les Gens d'esprit, d'un stile concis & élevé, susceptible de tout ce que la Poësie a de plus fin & de plus hardi dans les figures & dans les allusions, que sa briéveté autorise contre la regle de tous les autres Poëmes, à commencer par une espèce d'enthousiasme, pourvu qu'il soit soutenu jusqu'à la fin.

CXLII.

---

* *Ingenium cui sit, cui mens divinior atque os Magna sonaturum des nominis hujus honores.* HOR.

CXLII.

UN Poëme qui contient dans un petit nombre de vers une instruction, déguisée sous l'allegorie d'une action, s'appelle une *Fable* ; s'il contient quelques centaines de vers, c'est un Poëme *épique*.

CXLIII.

LE Poëme épique est un fait décrit de manière à attacher, à émouvoir & à surprendre les Lecteurs ; comme le retour d'*Ulyſſe* à *Itaque*, l'établiſſement d'*Enée* en *Italie*, la priſe de *Jeruſalem*, le voyage de *Thelemaque* pour chercher ſon Pere. Un Poëme hiſtorique peut être excellent, ſans cette unité d'action.

CXLIV.

IL faut donc qu'un Poëte, pour produire cet effet, ait grand ſoin de retrancher de ſa narration tout ce qui eſt indifferent, pour ne préſenter à

M 3   l'eſ-

prit que des chofes dignes d'attention
& de curiofité.

CXLVI.

LES récits & les autres endroits,
qui ne contiennent ni paffions, ni
grands fentimens, doivent être fou-
tenus par toute la dignité de l'expref-
fion, & du ftile le plus travaillé; tandis qu'il faut exprimer naturellement les paffions & les grands fentimens.

CXLVII.

QUAND les Poëtes font raconter
à leurs Héros la meilleure partie de
l'action d'un Poëme épique, c'eft
moins un defordre qu'un effet de
l'Art, qui demande que le Poëte pa-
roiffe lui-même le moins que faire fe
peut; le Lecteur s'intereffant toûjours
plus pour le Héros, que pour le
Poëte.

CXLVIII.

CXLVIII.

Il y a une grande difference entre faire des vers, & composer un Poëme épique. Une heureuse saillie suffit pour faire de jolis vers, mais le Poëme épique requiert plusieurs talens naturels & acquis.

CXLIX.

Le *Roman* est une espèce de Poëme épique ; celui qui ne contient que des intrigues d'amour est tout *François* , * chez qui seuls se trouve le modelle d'un commerce aisé & poli entre les deux Sexes.

CL.

Dans le parallelle que l'on fait de

* Voyez la Lettre de Mr. *Huet* à Mr. *de Segrais* sur l'origine des Romans, à la tête du Roman de Zaïde. Les Romains ont inventé la Satire. *Satira quidem tota nostra est.* Quint.

de la Peinture avec la Poëfie, elles ont ceci de particulier, que l'imitation fait le mérite de la Peinture, & le choix celui de la Poëfie.

CLI.

UNE affaire politique, conduite par des perfonnes diftinguées dans l'Hiftoire ou dans la Fable, eft le fujet de la Tragedie, comme quelque fait familier & populaire eft celui de la *Comedie*.

CLII.

SI la Comedie eft une image de la vie civile, c'eft un défaut dans une Comedie, lorfque le fujet & les perfonnages font pris des Païs & des tems éloignez.

CLIII.

PUISQUE l'on mêne plus aifément

Quint. lib. 2. cap. 10. *Horatius dicit. Eximium Græcis intacti fermonis authorem.*

ment l'esprit par des idées connues, que par des nouvelles, les Héros de la Tragedie doivent ressembler à l'idée que l'Histoire ou la Tradition fabuleuse nous ont laissée * lesquels étant éloignez & peu connus, doivent aussi moins interesser, que les personnages de Comedie.

CLIV.

La Tragedie charme les Jeunes gens, & agit plus fortement sur leur imagination, comme étant encore novices sur les artifices qu'on employe pour émouvoir les passions, & fait toujours moins d'effet sur ceux que les affaires & un long commerce avec les Hommes ont endurcis, & qui se plaisent davantage à une peinture naïve de la vie civile, telle qu'on la trouve dans la Comedie.

CLV.

Dans une representation que l'on fait

* *Aut famam sequere, aut sibi convenientia finge.* Hor.

M 5

fait n'être que pour divertir, l'on fe
prête volontiers à la fiction, & malgré la cenfure des Maitres de l'Art,
l'on pardonne aifément quelques fautes, contre l'unité de lieu & de tems,
lorfque ces fautes font compenfées par
d'autres agrémens.

CLVI.

Si l'on voit avec plaifir reprefenter
en deux heures de tems, ce qui a du
prendre vingt-quatre heures, pourquoi
feroit-on choqué de voir reprefenter
dans peu d'heures, une action de plufieurs jours?

CLVII.

Si le but de la Tragedie eft d'é-
mouvoir la pitié & l'indignation, il
ne faut pas que l'Auditeur s'attende
toujours à voir enfin la Vertu triom-
pher & le Vice puni; & l'Auteur ne
fe doit pas faire une loi de changer la
Tradition ou la Fable, qui en fait le fujet, pour donner lieu à une juftice
qui

qui ne sauroit se rencontrer toujours, que dans la Fiction.

CLVIII.

Puisque le visage n'exprime pas moins les passions par la variété de ses traits, que par celle de la voix ou du geste, il est surprenant que des Nations aussi polies, que l'étoient les *Grecs* & les *Romains*, ayent souffert que les personnages de leur Théatre parussent toujours masquez ; puisque nous voyons que les masques ne divertissent guères, que le petit Peuple & les Enfans.

CLIX.

Il est surprenant que les *Pantomimes* qui ont diverti toute l'Antiquité, & qui divertissent encore tout l'Orient, soient tout à fait négligez en *France*.

CLX.

Si la Comedie se propose de divertir

tir l'Audience, en tournant en ridicule toute sorte de défauts, elle y a souvent réussi; mais je n'ai jamais connu personne, qui en soit revenu plus Homme de bien.

CLXI.

Si les sujets les moins interessans font plaisir, lorsqu'on les voit exprimer en vers, à cause de la difficulté qu'on sent à le pouvoir faire soi-même, l'on doit encore prendre plus de plaisir à voir exprimer d'une manière intelligible les choses les plus communes, par de simples gestes.

CLXII.

LE spectacle de l'Opera est un mélange monstrueux d'images & de réalitez. La dépense & la difficulté de l'execution en font toute la beauté. *

CLXIII.

* Versus inopes rerum, nugaeque sonora. Hor.

CLXIII.

L'*Eclogue*, ou *l'Idille* pastorale, est un Poëme composé d'un stile pur, harmonieux & fleuri, où sous les noms de Bergers, & sous des images champêtres, on peut décrire l'état & les sentimens les plus relévez.

CLXIV.

La Comedie étant une image de la vie civile, un Homme qui a de l'éducation, un bon esprit & l'usage du Monde, peut juger de la justesse ou de la fausseté des caractères des personnages de la Comedie; mais où doit-il aller, pour apprendre à juger de ceux de la Tragedie ou de l'Eclogue?

CLXV.

Les Hommes se proposant tous dans leurs travaux une vie tranquille, que leurs passions les empêchent d'embrasd'embraſſer, lorſqu'elle ſe préſente à eux, ils aiment auſſi tous la deſcrip-tion d'une vie tranquille & champêtre, qui fait le ſujet de l'Eclogue; pourvu que cette deſcription ne ſoit pas d'une ruſticité à choquer les idées de délica-teſſe & de politeſſe, qui leur ſont de-venues comme naturelles, par l'édu-cation & la coutume.

CLXVI.

Tous les plaiſirs de la Cour & de la Ville étant des plaiſirs pénibles & contraints, il eſt plus naturel de met-tre la Scène d'une vie tranquille à la Campagne, parmi les brebis & les chevres, comme font les faiſeurs d'E-clogues, que dans les Villes.

CLXVII.

Lorsque l'on introduit un Ber-ger, il faut prendre garde que ce n'eſt pas un eſprit cultivé, & à réflexions, mais un eſprit uniquement ſenſible aux faits, dont il rapporte ſouvent, d'une manière courte & peu liée, des cir-

circonftances dont des perfonnes in-
ftruites font peu frappées, & qui, fans
jamais avoir tiré de confequences gé-
nerales, exprime fimplement ce qu'il
fent, ou y joint tout au plus quelques comparaifons ou quelques proverbes.

CLXVIII.

L'Epigramme eft un petit Poëme,
fufceptible de toute forte de fujets,
qui doit finir par une penfée vive,
nette & jufte.

CLXIX.

L'EPIGRAMME, les Chanfons
& les autres petites pièces de Poëfie, qui font de même gout, font
les feules qui admettent les jeux de
mots, les pointes, les antithèfes, les
nouveaux tours, les parodies, les ana-
grammes, & les comparaifons de chofes dont les rapports ne font que fort
fuperficiels ou accidentels, & autres
petites beautez.

CLXX.

CLXX.

QUELCUN a donné une recette pour faire un Poëme épique. Un Homme, avec un génie médiocre, & un grand travail, peut, en fuivant de certaines regles faire un Poëme épique ou un Opera, fans autre défaut que celui d'ennuyer, mais une bonne Epigramme, ou un bon Vaudeville, font un pur effet du génie, fans le fecours d'aucunes regles.

CLXXI.

L'IMAGINATION de chaque Particulier eft une efpèce de lunette, qui reprefente les objets un peu differens de ce qu'ils paroiffent aux autres. Un Homme ne fauroit rapporter une chofe, fans l'alterer un peu par quelque mélange de ce tour particulier d'imagination. Un Valet qui rapporte ce qu'il a oui dans une converfation polie, & un Pédant qui applique les beaux paffages des Auteurs claffiques,

les

les terniffent par ce tour particulier
qu'ils leur donnent.

CLXXII.

Comme on a vu d'habiles Pein-
tres, qui n'ont jamais pu tirer de
certains vifages, & de bons Poëtes
qui n'ont jamais réuffi dans de certains genres de Poëfie, il y a auffi
de certains Auteurs, qui ne peuvent
être bien entendus, que par ceux
dont la converfation feroit conve-
nue avec la leur, s'ils s'étoient fré-
qüentez.

N   C A

CATALOGUE DES LIVRES

IMPRIMEZ PAR

JEAN van DUREN,

LIBRAIRE A LA HAYE,

ou dont il a Nombre.

DE MESSIEURS DE L'ACADE-
MIE FRANÇOISE.

NOuveau Dictionaire de l'Academie Françoife; nouvelle Edition confiderablement augmentée. 4. 2 vol. A la Haye, fous preffe.

DE MR. AUBERI, SEIGNEUR
DE MAURIER.

Mémoires pour fervir à l'Hiftoire de Hollande

lande & des autres Provinces-Unies,
par Mr. Auberi Seigneur de Maurier.
8. 1711.

DE MR. DE BALZAC.

Lettres choisies, de feu Mr. de Balzac.
12. A la Haye 1725.

DE MR. PIERRE BAYLE, PROFESSEUR EN PHILOSOPHIE ET EN HISTOIRE A ROTTERDAM.

Oeuvres diverses de Mr. Pierre Bayle;
contenant tout ce que cet Auteur a publié sur des matières de Théologie, de
Philosophie, de Critique, d'Histoire &
de Litterature. Folio 3 tom. 4 vol. A
la Haye 1727.
———— Le même Ouvrage en grand papier.

DE MR. LOUIS BAYLE.

Pratique de Piété, qui adresse le Chrétien
au chemin qu'il doit tenir pour plaire à
Dieu ; Traduit de l'Anglois de M.
Louis Bayle, par M. Vernuilh. 12.
———— Le même Livre en gros caractère. 8.

DE

DE MR. BELLEFONTAINE.

La Medecine Dogmatique Méchanique, Expliquée par les Principes de Phisique & de Méchanique, & par le mouvement du Sang: Avec la Pharmacopée Rationelle. Par Mr. Louis Bellefontaine. 12. 2 voll. 1712.

DE MR. BION, INGENIEUR DU ROI.

Traité de la Construction & des principaux Usages des Instrumens de Mathematique ; avec les Figures nécessaires pour l'intelligence de ce Traité; par Mr. Bion. 4. A la Haye. 1723.

DE MR. DE BRANTOME.

Mémoires de Mr. de Brantome, contenant les Vies des Hommes & des Dames illustres de son tems. 12. 10 voll. 1722.

DE MR. BURNET, EVEQUE DE SALISBURY.

Discours sur la Vie de la feue Reine de la Grande Bretagne; par Mr. Burnet. 12. A la Haye 1716.

Mé-

Mémoires pour fervir à l'Hiftoire de la Grande-Bretagne. Par Mr. Burnet. 12. 3. voll. A la Haye 1725.

La Vie de Mr. Hale, Grand Jufticier de l'Angleterre, par Mr. Burnet. 12.

—— de Guillaume Bedel, Evêque de Kilmore. Par Mr. Burnet. 12.

DE MR. DE CALLIERES.

Hiftoire Poëtique de la Guerre entre les Anciens & les Modernes. Par Mr. de Callieres. 12.

DE MRS. CASAUBON.

Cafaubonorum Epiftolæ, cum Refponfionibus &c. Curante Theod. Janfon ab Almeloveen. Folio 1709.

DU R. P. CASTEL.

Traité de Phifique fur la péfanteur univerfelle des Corps. Par le R. P. Caftel, de la Compagnie de Jefus. 12. 2 voll. Paris 1724.

DES RR. PP. CATROU ET ROUILLÉ.

Hiftoire Romaine depuis la fondation de Rome; Avec des Notes Hiftoriques,

Géo-

Géographiques & Critiques, des Gravu-
res en tailles douces, des Cartes Géographiques & des Médailles authentiques. Par les R R. P P. Catrou &
Rouillé. 4. 12 voll. Paris 1725.-1727.
——— Le même Ouvrage en grand papier.

De Mr. Charpentier, de L'Academie Fran-çoise.

Carpenteriana, ou Remarques d'Hiftoire, de Morale, de Critique, d'Erudition & de Bons Mots; de Mr. Char-
pentier. 12. Paris 1724.

De Mr. Chevreau.

Prieres & Méditations choifies, Avec
quelques Poëfies Chretiennes. Par Mr.
Chevreau. 18. A la Haye 1715.

Du Comte de Clarendon.

Hiftoire de la Rebellion & des Guerres
civiles d'Angleterre; Par le Comte de
Clarendon. 12. 6 voll. A la Haye 1709.
——— Idem les deux premiers volumes
féparement.

DE

DE MR. LE CLERC.

Histoire des Provinces Unies des Païs-Bas, depuis la naissance de la République, jusqu'à la paix d'Utrecht; Par Mr. Jean le Clerc: Avec les principales Médailles & leurs Explications. Folio 4 voll. 1728.

DE MR. COLLINS.

Discours sur la liberté de penser & de raisonner sur les matieres les plus importantes: Ecrit à l'occasion d'une nouvelle Secte d'Esprits-Forts: Par Mr. Collins. 8. 1717.

DE MR. DE CREBILLON.

Oeuvres de Mr. de Crebillon; contenant les Tragedies suivantes: Idomenée. Atrée & Thyeste. Electre. Rhadamiste & Zenobie, avec des Réflexions sur cette Pièce. Semiramis, avec un Plan de cette Tragedie. & Pyrrhus, Nouvelle Edicion, corrigée & augmentée. 12. A la Haye 1729.

DE

DE MESSIRE ANTOINE FU-RETIERE, ABBÉ DE CHALI-VOI, DE L'ACADEMIE FRANÇOISE.

Dictionaire Universel de la Langue Fran-çoife & des Sciences & des Arts; Par Mr. Furetiere: Augmenté par Mr. Bafnage de Beauval, & en cette nouvelle Edition, Revu, corrigé & confiderablement aug-menté par Mr. de la Riviere. Folio 4 voll. A la Haye 1727.

———— Le même Ouvrage en grand pa-pier.

DE MR. GUEUDEVILLE.

Atlas Hiftorique, ou nouvelle Introduc-tion à l'Hiftoire, à la Chronologie & à la Géographie ancienne & moderne; Reprefentée dans de nouvelles Car-tes en tailles douces; Avec des Differ-tations fur l'Hiftoire de chaque Etat, par Mr. de Gueudeville. Folio 7 voll. 1719.

DE

DE MR. F. M. JANIÇON, AGENT DE S. A. S. LE LAND-GRAVE DE HESSE-CASSEL.

Etat préfent de la République des Provinces-Unies & des Païs qui en dépendent, tant en Europe qu'aux Indes Orientales & Occidentales : Contenant une Defcription Géographique du Païs, Hiftorique & Politique de fon Gouvernement général & de celui de chaque Province & de chaque Ville en particulier; fes Forces tant par Terre que par Mer: fes Alliances: la Religion & les Mœurs de fes Habitans; les differentes branches de leur Commerce dans les quatre parties du Monde, &c. Par Monfieur F. M. Janiçon, Agent de S. A. S. Mgr. le Landgrave de Heffe-Caffel &c. 12. A la Haye 1729.

DE MR. DE JONCOURT, MINISTRE DU ST. EVANGILE A LA HAYE.

Entretiens fur l'Etat préfent de la Religion en France; où l'on traite amplement de l'Autorité des Papes & de fes Fondemens; on y rapporte auffi l'Hif-

toire de leurs Entreprifes, de leurs
Mœurs & de leurs manieres d'agir tant
envers les Princes qu'envers les Peuples. Publié par feu Mr. de Joncourt
pour fervir de Tombeau à la Confti-
tution du Pape Clement XI. 12. A
la Haye 1725.

De Mr. Jurieu, Pasteur et Professeur en Theologie a Rotterdam.

Traité de la devotion, par Mr. Jurieu,
12. A la Haye 1726.

Du R. P. Labat.

Voyage du R. P. Labat aux Ifles de l'A-
merique, contenant une exacte Defcription de toutes ces Ifles; des Arbres,
Plantes, Fleurs, & Fruits qu'elles pro-
duifent; des Animaux, Oifeaux, Rep-
tiles & Poiffons qu'on y trouve; des
Habitans, de leurs Mœurs & Coutumes; des Manufactures & du Commerce qu'on y fait, &c. 12. 6 voll. A
la Haye 1724. avec fig.
—— Le même Ouvrage, in 4 2 voll.,
avec fig.
—— Le même Ouvrage, in 4. en
grand papier.

DE

De Mr. de Larrey, Conseiller de la Cour et des Ambassades du Roi de Prusse.

Histoire des Sept-Sages; par Mr. de Larrey. 8. 2 voll., à la Haye 1721.
———— Idem le premier Tome séparement.

De Mr. Lemos.

Acta omnia Congregationum & Disputationum in Controversia de Auxiliis Divinæ Gratiæ, contra plures ex Societate Jesu. Auct. Th. de Lemos. Folio 1702.

De Mr. l'Abbé de Longuerue.

Description Historique & Géographique de la France, Ancienne & Moderne; par Mr. l'Abbé de Longuerue. Folio 2 voll. Paris 1722. avec fig.
———— Le même Ouvrage en grand papier.

De Mr. A. G. Luïscius, Docteur en Droit.

Het Algemeen Historisch, Geographisch en Ge-

Genealogisch Woordenboek, vervattende de gehele Kerkelyke en Werreldyke Geschiedenis; Door den Heer A. G. Luiscius. Folio.

De Mr. Mencke, Conseiller de S. M. Pol. et Historiographe de la Maison Electorale de Saxe.

De la Charlatanerie des Savans ; Par Mr. Mencke : Avec des Remarques critiques de differens Auteurs. 8. A la Haye 1721.

De Mr. Le Chevalier de Meré.

Oeuvres mêlées de Mr. le Chevalier de Meré ; contenant plusieurs Discours sur diverses Matieres ; ses Conversations avec le Marechal de Clerambaud & ses Lettres. 12. 2 voll.

—— Posthumes de Mr. le Chevalier de Meré ; contenant plusieurs Discours sur diverses Matieres, & des Réflexions sur l'Education d'un Enfant de Qualité. 12.

DE

DE MR. DU MONT, CONSEIL-LER ET HISTORIOGRA-PHE DE S. M. IMPE-RIALE.

Mémoires Politiques pour l'intelligence de l'Histoire des Négociations de la Paix de Ryswyck ; Par Mr. Du Mont. 12. 4 voll.

DE MR. C. G. DE LA MOTHE.

Traité de l'Inspiration des Livres Sacrez du Nouveau Testament ; Par Mr. C. G. de la Mothe, 8.

DU SR. A. DE LA MOTRAYE.

Voyages du Sr. Aubry de la Motraye en Europe, en Asie & en Afrique; Folio 2 voll. A la Haye 1727. avec fig.
—— Le même Livre en grand papier.

DE MESSIRE MAUQUEST, SIEUR DE LA MOTTE.

Traité complet de Chirurgie, contenant des Observations & des Réflexions sur toutes les Maladies Chirurgicales, & sur la manière de les traiter ; Par Mr. De la Motte. 12. 3 voll. Paris 1722.

Du

Du R. P. Pomey.

Les Particules réformées, augmentées & rangées en meilleur ordre, par le R. P, Pomey: Nouv. Edit. revue & corrigée, par Mr. Le Févre. 8. A la Haye 1726.

De Mr. le Comte de Pontchartrain.

Mémoires du Comte de Pontchartrain, Miniftre & Secretaire d'Etat, fous la Régence de la Reine Marie de Medicis. 8. 2 voll. A la Haye 1729.

De Messieurs de Port-Royal.

Nouveaux Elemens de Géometrie ; Par Mrs. de Port-Royal. 12. A la Haye 1711. avec fig.

Du Cardinal de Retz.

Hiftoire de la Conjuration de Fiefque contre la République de Genes; Par le Cardinal de Retz. 12. A la Haye 1716.

D

DE MR. LE MARQUIS DE QUINCY, BRIGARDIER DES ARMÉES DU ROI, ET LIEUTENANT-GENERAL D'ARTILLERIE.

Histoire Militaire du Regne de Louis le Grand; où l'on trouve un détail exact de toutes les Actions de Guerre qui se font passées pendant le cours de son Regne; Enrichie des Plans nécessaires & d'un Traité de Pratiques & de Maximes de l'Art Militaire; Par Mr. le Marquis de Quincy. 4. 7 voll. Paris 1726. avec fig.

————— Le même Ouvrage en grand papier.

DE MR. G. L. LE SAGE.

Pensées hazardées, sur les Etudes, la Grammaire, la Rhétorique & la Poëtique, par Mr. G. L. Le Sage. 8. A la Haye 1722.

DE MR. DE SAINT DISDIER.

Histoire des Négociations de la Paix de Nimegue; Par Mr. de Saint Disdier. 12. A la Haye 1716.

DE

De Mr. de Saint Evre-mont.

Mémoires de la Vie du Comte D***
avant fa retraite ; rédigez par Mr. de
Saint Evrement. 12. 2 voll. 1722.

De Mr. de Saint Remy.

Mémoires de Mr. de Saint Remy ; contenant ce qui s'eft paffé de plus mé-
morable en France , tant par rapport
au Gouvernement qu'à la Religion ;
Avec des reflexions fur les principaux
Hiftoriens François. 12. 2 voll. A la
Haye 1716.

De Mr. Richard Simon.

Hiftoire Critique des Dogmes, des Controverfes, des Coutumes & des Cérémonies des Chretiens Orientaux. Par
Mr. R. Simon. 12. 1711.

De Mrs. Spon et Wheler.

Voyage d'Italie, de Dalmatie, de Grece
& du Levant ; Par Mrs. Spon & Whe-
ler. 12. 2 voll. A la Haye 1724. avec
fig.

Du

Du Docteur Jonathan Swift.

Le Grand Myftère, ou l'Art de méditer fur la Garderobe, renouvellé & devoilé, par l'Ingenieux Docteur Swift. 8. A la Haye 1729.

De Mr. le Chevalier Guillaume Temple, Ambassadeur de la Grande Bretagne en diverses Cours de l'Europe.

Lettres de Mr. le Chevalier Temple & autres Miniftres d'Etat; contenant, une Relation de ce qui s'eft paffé de plus confiderable depuis 1665 jufqu'en 1672. 12. 2 voll. A la Haye 1711.

Lettres de Mr. Temple au Comte d'Arlington, publiées par Mr. Jones. 12. A la Haye 1725.

Mémoires de Mr. Temple; contenant ce qui s'eft paffé de plus confiderable depuis le commencement de la Guerre en 1672, jufqu'à la Paix conclue à Nimegue en 1679. 8. 1708.

Nouveaux Mémoires de Mr. Temple; contenant un détail des intrigues de la

O   Cour

Cour d'Angleterre, des Négociations des Miniftres & de lui même dans les Cours étrangères, depuis la Paix de Nimegue, jufqu'à la retraite de l'Auteur. Publiez avec une Préface par le Docteur Jonathan Swift. On y a joint la Vie & le Caractère de Mr. Temple. 8. A la Haye 1729.

Remarques fur l'Etat des Provinces-Unies des Païs-Bas ; Par Mr. Temple. 12.

Introduction à l'Hiftoire d'Angleterre ; Par Mr. Temple. 12.

DE MR. L'ABBÉ DE VALLEMONT.

Elemens de l'Hiftoire, par Mr. de Vallemont. 12. 3 voll. 1714. avec fig.

DE D. VINCENT THUILLIER, BENEDICTIN DE SAINT MAUR.

Ouvrages Pofthumes de D. Jean Mabillon, & de D. Thierry Ruinart, Benedictins de Saint Maur, contenant un Recueil des petits Ouvrages de ces Auteurs, ci-devant imprimez féparément & autres nouveaux, avec des Notes, &c. 4. 3 voll. Paris 1724.

L'

LIVRES D'HISTOIRE ET DE
POLITIQUE; PAR DIFFE-
RENS AUTEURS.

Actes, Mémoires & Négociations du
Congrès de Soissons : Avec un Journal exact de tout ce qui s'est passé dans
ce Congrès, depuis son ouverture jusqu'à présent. 8.   A la Haye 1729.
———. Et Mémoires des Négociations de
la Paix de Nimegue ; Avec l'Histoire
de ces Négociations, par Mr. de St.
Disdier. 12. 8 voll.   A la Haye 1697.
——— Et Mémoires des Négociations de
la Paix de Ryswyk ; Nouv. Edit. augmentée de plusieurs Pieces authentiques &
de Mémoires historiques pour l'intelligence de ces Négociations. 12. 5 voll.
A la Haye 1725.
——— Idem le Tome 5. séparement.
*Conclavi de Pontefici Romani; Quali si so-
no potuti trovare fin a questo giorno.* 12.
Conduite des Cours de la Grande Bretagne & d'Espagne, tant par rapport à l'in-
vasion de la Sardaigne & de la Sicile,
que de l'entreprise de l'Amiral Bing
contre la Flotte Espagnole 8. 1719.
Description Historique, Politique & Géographique du Royaume de Sardaigne ;
Avec plusieurs pièces curieuses concernant les intérêts des Princes de l'Euro-

pe

pe par rapport à ce Royaume. 8. A la Haye 1725.

Histoire du Clergé Séculier & Régulier, de l'un & de l'autre Sexe; Avec des Figures qui réprésentent les differens habillemens de leurs Ordres & Congregations. 8. 4 voll. 1716.

———— Le même Ouvrage en grand papier.

———— Des Ordres Militaires ou des Chevaliers; des Milices Séculieres & Régulieres de l'un & de l'autre Sexe; Avec des Figures qui representent les differens habillemens de ces Ordres. 8. 4 voll. 1721.

———— Le même Ouvrage en grand papier.

———— des Quatre Cicerons, où l'on trouve des particularitez curieufes qui regardent la vie privée & publique de ces grands Hommes. 12. A la Haye 1725.

Interêts (Nouveaux) des Princes de l'Europe. 12.

Lettres Mémoires & Négociations de Mrs. de Bellievre & de Silleri, contenant la Négociation de la Paix de Vervins en 1598, entre les Rois Henri IV. & Philippe II. &c. 12. 2 voll. A la Haye 1725.

Mémoires de la Régence de S. A. R. Mgr. le Duc d'Orleans, durant la Minorité horité de Louïs XV. Roi de France ; Avec les Portraits des principales Perfohnes de la Cour & autres Figures en tailles douces. 12. 3 voll. A la Haye 1729.

Mémoires du Regne de George I. Roi de la Grande Bretagne ; Contenant l'Hiftoire de tous les grands Evenemens de l'Europe depuis la Naiffance de ce Monarque jufqu'à fa Mort ; Enrichie de Pièces authentiques. 8. 2 voll. A la Haye 1729.

———— Idem le Tome 3. fous preffe.

———— Du Chevalier de Saint George. 12. 1713.

———— Anecdotes d'un Miniftre étranger, concernant les principales Actions de Pierre le Grand; Avec deux Lettres d'un autre Miniftre étranger qui contiennent le Caractère du feu Czar, ceux de fes principaux Miniftres, & la Vie & le Portrait du Prince Menzicof. 12. A la Haye 1729.

Souverains (les) du Monde, contenant l'Etat préfent de toutes les Maifons Souveraines, leurs Généalogies & Alliances, l'Etendue & le Gouvernement de leurs Etats, leur Religion, leurs Revenus, leurs-Forces, leurs Titres, leurs Prétentions, leurs Armoiries, leurs Réfidences, &c. Avec un Catalogue des principaux Auteurs qui en ont écrit. 8. 4 voll. A la Haye 1712.

Tefta-

Teftament Politique de Mr. Colbert. 12. A la Haye 1711.

Théatre de la Grande-Bretagne, ou Defcription exacte des Palais du Roi & des Maifons les plus confidérables du Royaume ; Avec le nouveau Supplement & l'Atlas. Le tout en tailles douces. Folio 5 voll. 1724. —— 1728.

LIVRES DE DIVERSES MATIE-RES; PAR DIFFERENS AUTEURS.

Aphorifmes de Controverfe. tirées de l'Ecriture, des Conciles & des S. S. Peres. 12.

L'Art de bâtir les Vaiffeaux & d'en perfectionner la Conftruction , tirée de Mrs. Witzen, van Eyk, Allard & autres ; Avec les Pavillons des divers Etats. 4. 2 voll. 1719. avec fig.

Cabinet Satyrique des vers piquants & gaillards des Srs. Sigognes, Regnier, Motin , Berthelot, Mainard & autres Poëtes. 12. 2 voll. 1729.

Defcription de l'Ifle de Formofa. 12. 1708. avec fig.

Lettres Galantes & Philofophiques ; Par l'Auteur des Nouveaux Dialogues des Dieux. 8. A la Haye 1725.

Méthode pour montrer à la Jeuneffe la maniemanière de bien dancer. Par le Sr. Sol. 8. A la Haye 1725.

Morale Pratique du janſeniſme. 8.

Nieuwe (het) Teſtament, ġedrukt door laſt van zyn Czaarſe Majeſteyt, Petrus den Groten. Folio. 2 Deelen.

Oeuvres ſpirituelles de Mr. de Renneville, contenant pluſieurs Poëſies Chrétiennes, & les Pſaumes de la pénitence, paraphraſez en Sonnets. 8. A la Haye 1725.

Portulan de la Mer Méditerranée, ou le vrai Guide des Pilotes Côtiers; Dans lequel on verra la manière de Naviguer le long des Côtes d'Eſpagne, de Catalogne, de Provence, d'Italie, &c. Avec une Deſcription de tous les Ports, Havres, &c. Et pluſieurs autres Remarques très néceſſaires à la Navigation; Par Michelot. 4. 1709.

Pſeaumes de David, mis en Vers, & revus par ordre du Synode Wallon des Provinces-Unies. Tout Muſique. 12. A la Haye 1726.

——— Idem gros Caractère, le premier Verſet Muſique. 12. *Ibid.*

Réflexions Pieuſes, inſpirées dans la Baſtille, à Mr. Samuel Gringalet. Avec des Eſſais Philoſophiques. 8. A la Haye 1725.

Vies des S. S. Peres des Déſerts, & des Saintes Solitaires d'Orient & d'Occident;

dent; Avec des Figures en tailles douces qui repreſentent l'Auſterité de leur
Vie , & leurs principales occupations.
8. 4 voll. 1714.
———— Idem en grand papier.

HISTORIETTES GALANTES.

Alix de France. 12.
Avantures de Henriette Silvie de Molie-
re 12.
Diſgraces des Amans. 12.
Don Carlos. 12.
Galanteries de la Cour de Saint Ger-
main. 12. 1729.
Hiſtoire Secrette de Henri Duc de Ro-
han. 12.
Hiſtoire Galante de la Ducheſſe de Cha-
tillon. 12.
Mademoiſelle de Benonville. 12.
Morts (les) Reſſuſcitez. 12.

COMEDIES.

L'Eſprit de Contradiction ; Par Mr. Du
Freſny. 12.
Le Quincampoix ; Par Mr. de Liorme. 8.

BRO

BROCHURES SUR LES AFFAIRES DU TEMS, ET AUTRES.

Avantages Visibles de la prochaine Guerre pour la Grande-Bretagne & ses Alliez, par rapport au Commerce ; Avec les Plans de la Havane & de Porto-Bello. 4. 1727.

Capitulatio Serenissimi Principis ac Domini Domini Caroli VI. Imperatoris, &c. Conclusa Francofurti, die 12. Octobris 1711. 4. 1713.

Explication des Motifs du Roi d'Espagne, contre le Traité réglé entre le Roi Britannique & le Régent de France. 4. 1719.

Lettres & Mémoires que les Ministres des Cours de la Grande Bretagne, de France & d'Espagne se sont écrits & envoyez réciproquement, sur la situation présente des Affaires de l'Europe. 4. 1727.

Lettres d'un Whig à un Hollandois, sur l'Examen de la Liberté de Florence. 4. 1722.

———— Ecrite au Chevalier Banks, contre le Pouvoir absolu & l'Obéissance passive. 8. 1711.

———— Et Mandemens Imperiaux, contre les Electeurs de Baviere & de Cologne. 4. 1713.

Re-

Recherche (feconde) des Motifs de la conduite de la Grande-Bretagne par rapport à l'Etat préfent des affaires de
l'Europe. 4. 172?.

Réflexions fur le fufdit Ouvrage, avec la
Réponfe à ces Réflexions & quelques
autres Pièces. 4. 1727.

—————— Critiques fur l'Ouvrage de Mr.
Jaques Saurin, intitulé l'Etat du Chrif-
tianifme en France. 8. 1726.

Relation de la Flotte Ruffienne, dreffée
fur des Journaux Authentiques. 4. 1719.

—————— Des procedez des deux Cours de
Rome & de Sicile fur les Conteftations
au fujet du Tribunal de la Monarchie. 8. 1715.